Rumänisch für absolute Anfänger

Claudia Nistor

Rumänisch
für absolute Anfänger

... kinderleicht für Erwachsene

Übungsbuch mit Lösungen

Schmetterling Verlag

Bibliografische Informationen der Deutschen Nationalbibliothek
Die Deutsche Nationalbibliothek verzeichnet diese Publikation in der Deutschen Nationalbibliografie; detaillierte Daten sind im Internet über http://dnb.d-nb.de abrufbar.

Die Lösungen zu diesem Buch finden Sie online unter:

www.schmetterling-verlag.de

Schmetterling Verlag GmbH
Libanonstr. 72A
70184 Stuttgart
www.schmetterling-verlag.de
Der Schmetterling Verlag ist Mitglied von aLiVe.

ISBN 3-89657-972-X
1. Auflage 2021
Printed in Bulgaria
Alle Rechte vorbehalten
Satz und Reproduktionen: Schmetterling Verlag
Titelbild: Renegrob (Wikimedia Commons [cc-by-sa-3.0], Bildbearbeitung: Grauenstufen)
Druck: Multiprint, Kostinbrod

Inhalt

Lösungen online unter:

www.schmetterling-verlag.de

Lektion 1

Die ersten Kontakte ◇ Primele contacte

Ü1: Vervollständigen Sie bitte die Dialoge!

Dialog 1

- Mă numesc Maria. Tu . . . .?
- . . . . David.
- . . . . să te cunosc.
- . . . .

Dialog 2

- Cum . . . .?
- . . . . .David. Şi care este numele tău?
- . . . . Maria.
- Îmi pare bine, Maria.
- . . . . David.

Dialog 3

- Cine . . . . tu?
- . . . . David. Şi tu?
- . . . . Maria.
- Îmi pare bine, Maria.
- . . . . David.

Ü2: Formen Sie die Fragen um (Plural, Höflichkeitsform).

a) Cum <u>te</u> numeşti?   *Cum vă numiţi?*

b) Care este numele <u>tău</u>?   . . . .?

c) Cine eşti <u>tu</u>?   . . . .?

d) Cum <u>te</u> cheamă ?   . . . .?

Ü3: Verbinden Sie und notieren Sie die Sätze!

Cine	Mihai Ionescu.	. . . .
Mă numesc	te numeşti?	. . . .
Eu sunt	eşti tu?	. . . .
Cum	Elena Enescu.	. . . .
Mă cheamă	dumneavoastră?	. . . .
Care este	Ana Pop.	. . . .
Cine sunteţi	David.	. . . .
Numele meu este	numele dumneavoastră?	. . . .

Ü4: Ergänzen Sie mit *el, tu,* oder *dumneavoastră*:

. . . . este austriac.

. . . . sunteţi din Austria.

. . . . eşti român.

Cine eşti. . . . . ?

. . . . sunteţi acasă?

Unde este . . . . ?

Ü5: Ergänzen Sie und kombinieren Sie richtig:

s. . . . .nt . . . . .s. . . . .e		noi	eu
s. . . . .nte.		voi	ei
e. . . . .ti s. . . . .nt		tu	ea
s. . . . .nte.		el	ele
. . . . .st. . . . . s. . . . . .t			

. . . .

. . . .

. . . .

. . . .

Ü6: Setzen Sie das Verb _a fi_ (_sein_) in die Lücken ein:

Tu . . . . din România.

Ei . . . . în parc.

Voi . . . . la restaurant.

Eu . . . . student.

El . . . . David.

Noi . . . . la teatru.

Ea . . . . Maria.

Dumneavoastră . . . . din Austria.

Ele . . . . la operă.

■ Lektion 2

Rumänien und seine Bewohner ◇ România şi locuitorii ei

Ü1: Wie begrüßen Sie?

. . . .

. . . .

Ü2: Wie begrüßen sich die Personen in den folgenden Bildern? Sind sie per *tu* oder per *dumneavoastră*?

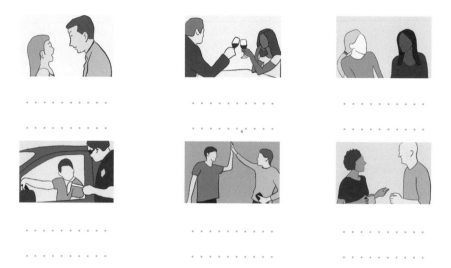

. . . .　　. . . . .　　. . . . .
. . . .

. . . .　　. . . . .　　. . . . .
. . . .　　. . . . .　　. . . . .

Ü3: Verbinden Sie, was zusammenpasst, und schreiben Sie wie im Beispiel:

Week-end	seara.	*Week-end plăcut.*
Cu	revedere.	. . . .
Mulţumesc,	dimineaţa.	. . . .
Noapte	rog.	. . . .
Bună	la fel.	. . . .
La	ziua.	. . . .
Bună	bună.	. . . .
Te	plăcut.	. . . .
Bună	plăcere.	. . . .

Ü4: Welche Stadt gehört zu welchem Land? Ordnen Sie diese bitte zu.

1. Bucureşti	a) Germania
2. Berlin	b) Polonia
3. Barcelona	c) România
4. Londra	d) Spania
5. Varşovia	e) Italia
6. Viena	f) Franţa
7. Paris	g) Austria
8. Moscova	h) Ungaria
9. Budapesta	i) Rusia
10. Roma	î) Anglia

l.	2.	3.	4.	5.	6.	7.	8.	9.	l0.

Ü5: Welche Nationalität haben diese Personen? Ergänzen Sie bitte!

Doamna Williams este englezoaică. Domnul Williams este . . . .

Doamna Popov este rusoaică. Domnul Popov este . . . .

Doamna Kork este croată. Domnul Kork este . . . .

Domnul Dupont este francez. Doamna Dupont este . . . .

Domnul Müller este neamţ. Doamna Müller este . . . .

Domnul Pettersen este norvegian. Doamna Pettersen este . . . .

Doamna Carter este americancă. Domnul Carter este . . . .

Doamna Virtanen este finlandeză. Domnul Virtanen este . . . .

Domnişoara Suarez este portugheză. Şi prietenul ei este . . . .

Lorenzo este italian. Şi doamna Lorenzo este . . . .

Laslo este ungur. Şi soţia lui este . . . .

Ü6: Welche Sprache sprechen diese Völker?

Austriecii vorbesc . . . .

Finlandezii vorbesc . . . .

Englezii vorbesc . . . .

Ruşii vorbesc . . . .

Francezii vorbesc . . . .

Italienii vorbesc . . . .

Spaniolii vorbesc . . . .

Croaţii vorbesc . . . .

Românii vorbesc . . . .

Turcii vorbesc . . . .

Grecii vorbesc . . . .

Ungurii vorbesc . . . .

Nemţii vorbesc . . . .

Japonezii vorbesc . . . .

Ü7:   Lesen Sie bitte den folgenden Text:

România
România este o ţară europeană.
România se învecinează cu următoarele ţări: Ucraina, Republica Moldova, Bulgaria, Serbia şi Ungaria.
România este o ţară relativ mare.
Capitala României este oraşul Bucureşti. Bucureşti este un oraş mare şi frumos, este o capitală europeană.
În est se află Marea Neagră. În centru sunt munţii. Munţii României se numesc Munţii Carpaţi.
În sud se află Muntenia, în sud-est Dobrogea, în est Moldova, în nord Maramureşul, în vest Banatul, iar în mijloc Transilvania (Ardealul). Muntenia, Dobrogea, Moldova, Maramureşul, Banatul, Transilvania sunt regiuni în România.

Ü8: **Ergänzen Sie Fehlendes!**

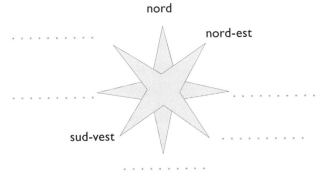

nord

nord-est

sud-vest

Ü9: **Übersetzen Sie bitte:**

Rumänien ist ein ziemlich großes Land.	
Hier ist die Landkarte.	
Hier sind die Karpaten.	
Dort ist das Schwarze Meer.	
Rumänien hat sechs große Regionen.	
Bukarest ist eine große und schöne Stadt.	
Die Stadt Bukarest ist im Südosten.	
Bukarest ist die Hauptstadt.	

Ü10: **Ergänzen Sie mit *un, o* oder *niște*:**

. . . . programator   . . . . bibliotecare

. . . . asistentă   . . . . director

. . . . muncitori   . . . . bucătăreasă

. . . . inginere   . . . . pilot

. . . . opticieni   . . . . coafeză

. . . . medici   . . . . portar

. . . . președinte   . . . . analist

. . . . contabile   . . . . bibliotecar

. . . . învățător   . . . . chimistă

. . . . constructor   . . . . polițistă

Ü11: Un oder o?

Aici este . . . . . . studentă.

Acolo este . . . . . aeroport sau . . . . . . spital?

Pe masă este . . . . . . revistă sau . . . . . ziar?

Ce este acolo, ... casă sau . . . . . bloc?

Ce este aici, ... ceas sau . . . . . telefon?

Adevărul este . . . . . ziar sau . . . . . revistă?

Kent este . . . . . ţigară sau . . . . . trabuc?

Ü12: Finden Sie den richtigen unbestimmten Artikel (un/o/nişte):

. . . . . . coleg este la bibliotecă.

În clasă sunt . . . . . . copii.

. . . . . . maşină este în garaj.

. . . . . . medic este în spital.

. . . . . . diplomaţi sunt în Parlament.

Acolo sunt . . . . . participanţi şi . . . . . participante.

. . . . . . profesoară este bolnavă.

. . . . . . studente sunt la cinema.

Ü13: Bilden Sie den Plural:

bibliotecar, ...   bibliotecară, ...

domn, ...   doamnă, ...

contabil, ...   contabilă, ...

inginer, ...   ingineră, ...

funcţionar, ...   funcţionară, ...

profesor, ...   profesoară, ...

asistent, ...   asistentă, ...

client, ...   clientă, ...

student, ...   studentă, ...

economist, ...   economistă, ...

ziarist, ...   ziaristă, ...

ghid, ...   ghidă, ...

Ü14: Schreiben Sie die folgenden Sätze im Plural um:

El este inginer. . . . .

Ea este elevă. . . . .

Tu eşti student. . . . .

Tu eşti ziaristă. . . . .

Eu nu sunt studentă. . . . .

Eu nu sunt funcţionar. . . . .

Eu sunt chimistă. . . . .

Ea e româncă. . . . .

Ea este pianistă. . . . .

Ü15: Bilden Sie die Pluralformen folgender Substantive:

Masculin		Neutru		Feminin	
singular	plural	singular	plural	singular	plural
autor		accent		adresă	
ban		accident		capitală	
bunic		bagaj		ciocolată	
coleg		spital		persoană	
copac		stat		casă	
pantof		magazin		chitară	
cofetar		sat		bunică	
biscuit		oraş		lună	
iris		pahar		mătură	
bărbat		frigider		limbă	

Masculin		Neutru		Feminin	
singular	plural	singular	plural	singular	plural
salariat		film		bancă	
iubit		aeroport		cămaşă	
artist		ceas		hartă	
turist		chibrit		ţigară	
brad		dans		dimineaţă	
copil		desert		seară	
erou		dulap		învăţătoare	
fiu		lift		vânzătoare	
kilometru		preţ		afacere	
litru		vin		clădire	
ponei		hotel		floare	
ardei		tren		cofetărie	
leu		popor		discuţie	
pepene		milion		lecţie	
peşte		paşaport		baie	
frate		vagon		foaie	
şarpe		televizor		perdea	
popă		renume		viorea	
papă		pronume		vopsea	

Lektion 3

Über Menschen und Berufe ◇ Despre oameni şi meserii

Ü1: Füllen Sie bitte dieses Formular aus:

Nume: . . . .

Prenume: . . . .

Locul naşterii: . . . .

Data naşterii: . . . .

Naţionalitate: . . . .

Stare civilă: . . . .

Adresă: . . . .

Număr de telefon: . . . .

Ü2: Eine Person wird nach ihrem Alter, ihrem Beruf und ihrer Adresse gefragt. Ordnen Sie bitte die Fragen den Antworten zu!

1. Ce sunteţi de profesie?
2. Ce vârstă aveţi?
3. Unde lucraţi?

4. Unde locuiţi?

a) Am treizeci şi trei de ani.
b) Lucrez într-o grădiniţă.
c) Adresa mea este:
   Craiova, Str. Decebal, Nr.1
d) Sunt educatoare.

1.	2.	3.	4.

Ü3: Ergänzen Sie die Kurztexte!

	Ştefan Mihali	Lucian Petrescu	Doina Luca
Profesia	bucătar	doctor	secretară
Locul naşterii	Iaşi	Constanţa	Lipova
Domiciliul	Iaşi	Timişoara	Oradea
Vârsta	22	48	37
Copii	nu are	2	3

Ştefan Mihali este de origine din . . . . şi locuieşte tot în . . . .
Are . . . . de ani. . . . . copii. Este . . . . de profesie.
Face meseria de bucătar cu multă plăcere.

Lucian Petrescu este . . . . de profesie. El este de origine din. . . . . . .
. . . , dar trăieşte de mult timp în . . . . Lucian are . . . . de
ani şi are . . . . copii.

Doina Luca este de origine din . . . ., dar acum locuieşte în . . . .
Doamna Luca lucrează ca . . . . într-un biroul notarial. Are . . . .
. . . de ani şi . . . . copii.

Ü4: Berufe. Ergänzen Sie bitte!

Feminin	Masculin	Feminin	Masculin
arhitectă	arhitect	. . . .	expert
. . . .	artist	. . . .	farmacist
. . . .	asistent	. . . .	fizician
. . . .	bibliotecar	. . . .	ghid
. . . .	chimist	. . . .	jurnalist
. . . .	dentist	. . . .	infirmier
. . . .	economist	. . . .	inginer

Feminin	Masculin	Feminin	Masculin
. . . .	muzician	desenat**oare**	desenator
. . . .	poliţist	. . . .	director
. . . .	secretar	. . . .	judecător
. . . .	tehnician	. . . .	învăţător
. . . .	ziarist	. . . .	muncitor
. . . .	casier	. . . .	programator
doctor**iţă**	doctor	. . . .	scriitor
. . . .	frizer	. . . .	traducător
. . . .	şofer	. . . .	vânzător

Verwendet man die Präposition *în* (*in*) mit unbestimmtem Artikel (männlich/
sächlich/weiblich), so werden die beiden Wörter zusammengezogen und mit
Bindestrich geschrieben.

	+ un (M/N) (ein)	+ o (F) (eine)
în (in)	într-un (in einem)	într-o (in einer)

**Ü5:   Wer arbeitet wo? Setzen Sie richtig zusammen! Schreiben Sie
dann vollständige Sätze!**

1.	profesorul	a)	bucătărie (F)
2.	doctorul	b)	institut (N) de cercetare
3.	bucătarul	c)	şcoală (F)
4.	cercetătorul	d)	spital (N)
5.	tâmplarul	e)	salon (N) de coafură
6.	pictorul	f)	atelier (N) de tâmplărie
7.	muncitoarea	g)	atelier (N)
8.	coafeza	h)	fabrică (F)
9.	managerul	i)	companie (F)
10.	chelnerul	j)	birou (N)
11.	brutarul	k)	magazin (N)
12.	vânzătorul	l)	atelier (N)
13.	mecanicul	m)	restaurant (N)
14.	secretara	n)	brutărie (F)

I.	2.	3.	4.	5.	6.	7.	8.	9.	10.	11.	12.	13.	14.

Beispiel:
- Profesorul lucrează **într-o** şcoală (F).
- Tâmplarul lucrează **într-un** atelier (N) de tâmplărie.

1. . . . .

2. . . . .

3. . . . .

4. . . . .

5. . . . .

6. . . . .

7. . . . .

8. . . . .

9. . . . .

10. . . . .

11. . . . .

12. . . . .

Ü6: Schreiben Sie Minidialoge:

Beispiel:

○ Ce profesie aveţi?
■ Sunt fotograf.
○ Unde lucraţi? (*Wo arbeiten Sie?*)
■ Lucrez (*ich arbeite*) într-un laborator foto.

Sunt . . . .

Lucrez într-un . . . .

Sunt . . . .

Lucrez într-un . . . .

Sunt . . . .

Lucrez într-un . . . .

Sunt . . . .

Lucrez într-un . . . .

Sunt . . . .

Lucrez într-un . . . .

Sunt . . . .

Lucrez într-un . . . .

Ü7: Ergänzen Sie mit den richtigen Zahlen:

Pe masă sunt (4) . . . . telefoane.

(2) . . . . doamne sunt la teatru.

Maria are (3) . . . . cărţi.

În clasă sunt (10) . . . . elevi.

Ea este în România de (5) . . . . ani.

Afară sunt (7) . . . . profesori.

Noi suntem în Austria de (9) . . . . luni.

Tata are (1) . . . . prieten foarte bun.

În curte sunt (2) . . . . băieți.

(6) . . . . turiști sunt în muzeu.

Am nevoie de (8) . . . . caiete.

Mama are (1) . . . . colegă de origine cehă.

Ü8: Beantworten Sie die Fragen und ergänzen Sie mit den richtigen Zahlen:

Beispiel:
• Câte eleve sunt la școală? (2) – <u>Două</u> eleve sunt la școală.

Câți copii sunt în parc? (5)   –   . . . .

Câți copaci sunt în curte? (3)   –   . . . .

Câte fructe sunt pe masă? (10)   –   . . . .

Câți turiști sunt în autobuz? (7)   –   . . . .

Câte persoane sunt prezente? (9)   –   . . . .

Câți sportivi sunt pe stadion? (6) –   . . . .

Ü9:   Wie heißen die Zahlen? Verbinden Sie, was zusammenpasst!

208		treizeci
33		o sută
17		cincizeci şi unu
19		optzeci şi patru
51		şaptesprezece
75		nouăsprezece
100		treisprezece
84		şaptezeci şi cinci
13		nouăzeci şi opt
30		treizeci şi trei
98		două sute opt

**Ü10:   Ordnen Sie die Zahlen in aufsteigender Reihenfolge und schreiben
Sie sie mit Ziffern!**

a) treizeci şi unu / douăzeci şi nouă / treizeci   . . . .

b) cincizeci / patruzeci / treizeci   . . . .

c) nouă / şapte / opt   . . . .

d) cincisprezece / treisprezece / paisprezece   . . . .

e) şaizeci şi trei / şaizeci şi unu / şaizeci şi doi   . . . .

f) o sută / nouăzeci şi nouă / o sută unu   . . . .

g) douăzeci şi şapte / cincizeci şi şase / treizeci şi patru . . . .

h) unsprezece / o sută / şaptezeci şi cinci   . . . .

i) douăzeci şi doi / patruzeci şi doi / treizeci şi doi   . . . .

j) optzeci / optsprezece / opt   . . . .

Ü11: Schreiben Sie die Zahlen auf und zeichnen Sie die Pfeile ein!

a) 35   b) 649   c) 1987

treizeci şi cinci

d) 10 468   e) 1 135 567

Ü12: Mit oder ohne *de*? Ergänzen Sie auch die richtige Form von *a avea*:

Eu . . . . 43 . . . . . ani.

Ana . . . . 7 . . . . . ani.

Tatăl meu are . . . . 67 . . . . . ani.

Dumneavoastră . . . . peste 80 . . . . . ani.

Studentul nu . . . . încă 21 . . . . . ani.

Tu . . . . 27 . . . . . ani.

Fetele nu sunt încă la şcoală, ele . . . . abia 6 . . . . . ani.

Ü13: Ergänzen Sie und beantworten Sie dann die Fragen, mit oder ohne *de*:

Câţi ani . . . . tu? – Eu . . . . 79 . . . . . ani.

Câţi ani . . . . Maria? – Maria . . . . 16 . . . . . ani.

Câţi ani . . . . dumneavoastră? – Eu . . . . 34 . . . . . ani.

Câţi ani . . . . Ioana şi Vasilica? – Ele . . . . 17 . . . . . ani,
       respectiv 20 . . . . . ani.

Câţi ani . . . . David? – David . . . . 20 . . . . . ani.

Câţi ani . . . . mama? – Mama . . . . 68 . . . . . ani.

Câţi ani . . . . voi? – . . . .

Ü14: Setzen Sie die richtige Form von *a avea* ein!

Noi . . . . prieteni.

Ea . . . . treabă.

Dumneavoastră . . . . cursuri.

Mihai . . . . cinci mere.

Voi . . . . o maşină.

Ei . . . . prieteni în România.

Tu . . . . o soră.

Ele . . . . un bilet la teatru.

Eu . . . . colegi din Franţa.

Ü15: Antworten Sie wie im Beispiel:

> **Beispiel:**
> • Dumneavoastră sunteţi medic? (inginer)
> • Nu, nu sunt medic, sunt inginer.

Tu eşti student? (elev)

. . . .

El e poliţist? (muncitor)

. . . .

Voi sunteţi profesori? (studenţi)

. . . .

Tu eşti mecanic? (vânzător)

. . . .

Ea este doctoriţă? (ingineră)

. . . .

Dv. sunteţi economist? (avocat)

. . . .

El este dentist? (internist)

. . . .

Ea este coafeză? (manichiuristă)

. . . .

Dumneavoastră sunteţi farmacistă? (dentistă)

. . . .

Tu eşti învăţătoare? (educatoare)

. . . .

Ü16: Antworten Sie zuerst negativ und dann affirmativ:

Nu eşti profesor?	*Nu are prietene?*
Nu, nu sunt profesor.	Nu, nu are prietene.
Ba da, sunt profesor. (***Doch**, ich bin Lehrer.*)	Ba da, are prietene.

Nu sunteţi din Austria?	*Nu ai o maşină?*

Nu eşti fericit?	*Nu aveţi pâine?*

Nu sunt medici?	*Nu aveţi timp?*

Nu este o carte pe masă?	*Nu are dreptate?*

Nu este punctuală?	*Nu au bani?*

Nu sunt ele acasă?	*Nu ai fructe?*

Lektion 4

Auf dem Weg nach Rumänien ◇ La drum spre România

ÜI: Ordnen Sie die Begriffe den Bildern zu!

submarin, autobuz, maşină, tramvai, tren, avion, elicopter, balon, vapor, bicicletă, motocicletă, camion

I. . . . . 2. . . . . 3. . . . .

4. . . . . 5. . . . . 6. . . . .

7. . . . . 8. . . . . 9. . . . .

10. . . . . 11. . . . . 12. . . . .

Ü2: Welches Verkehrsmittel gehört zu welcher Kategorie?

avion, tren, tramvai, troleibuz, autobuz, maşină, autocar, metrou,
bicicletă, barcă, elicopter, vapor, submarin, balon, camion

Transport aerian

. . . .

. . . .

. . . .

Transport maritim

. . . .

. . . .

. . . .

Transport terestru

Pe distanţe lungi

. . . .

. . . .

. . . .

. . . .

. . . .

Pe distanţe scurte

. . . .

. . . .

. . . .

. . . .

. . . .

Ü3: Formulieren Sie mit den vorgegebenen Wörtern die nachfolgenden Sätze:

are întârziere	vă rog	merge	casa de bilete	la Arad
unde	este	trenul	un bilet	la Viena	acesta

Eine Fahrkarte nach Arad, bitte. . . . .

Wo ist der Fahrkartenschalter? . . . .

Der Zug verspätet sich. . . . .

Fährt dieser Zug nach Wien? . . . .

Ü4: Kombinieren Sie richtig:

1) Un bilet la trenul
2) Am nevoie de
3) Poftiți
4) Biletele la control,
5) Un bilet online costă
6) Conductorul de tren verifică
7) Un bilet
8) La ce oră pleacă și

a) biletul dumneavoastră.
b) 125 de lei.
c) vagonul și destinația.
d) direct Viena-Arad, vă rog.
e) la ce oră ajunge trenul?
f) pentru o călătorie simpă, vă rog.
g) vă rog.
h) un bilet dus-întors.

I	2	3	4	5	6	7	8

Ü5: Stellen Sie folgende Personen vor, indem Sie die Wörter ergänzen.

Marie Franța România București Strada Cocorilor Nr. 12	. . . . este . . . . Ea vine din . . . . .Trăiește în . . . . Locuiește în . . . ., pe . . . .

Igor		
Serbia		. . . . este . . . .
România		El vine din . . . . Trăieşte în . . . .
Sibiu		Locuieşte în . . . . ,
Strada Mihai Viteazul Nr. 16		pe . . . .

Mihaela şi George		
România		. . . . sunt . . . .
Austria		. . . . vin din . . . .
Viena		Trăiesc în . . . .
Raffaelgasse Nr. 14		Locuiesc în . . . . ,
		pe . . . .

Ü6: Beantworten Sie die Fragen wie im Beispiel:

Beispiel:
• *Acela* este un turist din China?
• Nu, *acesta* este un turist din China.

Acela este un prieten din România? . . . .

Aceea este o turistă din Austria? . . . .

Acela este un dentist? . . . .

Aceia sunt nişte elevi? . . . .

Acelea sunt nişte prietene din Franţa? . . . .

Acelea sunt nişte caiete? . . . .

Aceia sunt nişte pantofi? . . . .

Acela este un hotel? . . . .

Aceea este o carte? . . . .

Aceia sunt nişte copii? . . . .

Acela este un taxi? . . . .

Acelea sunt nişte fructe? . . . .

Ü7:   Beantworten Sie die Fragen wie im Beispiel:

> **Beispiel:**
> • *Acesta* este un şofer?
> • Nu, *acela* este un şofer.

Acesta este un cabinet medical? . . . .

Acestea sunt nişte caiete de matematică? . . . .

Aceasta este o prietenă din Islanda? . . . .

Aceştia sunt nişte colegi din Germania? . . . .

Aceştia sunt Mihai şi Radu? . . . .

Aceasta este o doctorişă? . . . .

Aceştia sunt nişte ochelari de soare? . . . .

Acestea sunt nişte studente din Cehia? . . . .

Acesta este un tramvai? . . . .

Acestea sunt nişte trenuri? . . . .

Acesta este un poliţist din sectorul 5? . . . .

Aceasta este o maşină? . . . .

**Ü8:   Beschreiben Sie die folgenden Bilder mit der entsprechenden
Demonstrativa der Nähe und der Distanz.**

Acesta este **un bărbat**, iar **aceea** este **o femeie**.

. . . .
. . . .

. . . .
. . . .

In der Stadt ◇ În oraș

1. *gară, gări*

2. . . . .

3. . . . .

4. . . . .

5. . . . .

6. . . . .

7. . . . .

8. . . . .

9. . . . .

Ü2: Ergänzen Sie mit den passenden Wörtern:

Pe stradă

A: Mă scuzaţi, caut . . . . George Coşbuc. Îmi puteţi spune

unde este?

B: Nu este prea . . . . Mergeţi tot . . . .,

până capătul Străzii 1 Mai. Acolo o luaţi . . . . Mai

mergeţi o sută . . . . . metri, apoi o luaţi . . . . Aţi ajuns.

A: Vă mulţumesc frumos!

B: . . . .

Ü3: Ergänzen Sie richtig!

> tot înainte / drept înainte : ⇧
> la dreapta, în dreapta : ⇨
> la stânga, în stânga : ⇦
> înapoi: ⇩

1. Banca este ⇨ . . . .

2. Mergeţi 100 de metri ⇩ . . . . , ⇨ . . . .
   . . . . . este cofetăria.

2. Tutungeria este ⇦ . . . .

3. Mergeţi ⇩ . . . . , pe urmă ⇦ . . . .
   este farmacia.

4. Florăria este ⇨ . . . .

5. Mergeţi 200 de metri ⇩ . . . . , ⇨ . . . .
   este librăria.

6. Cafeneaua este ⇦ . . . .

Ü4: Für jede Frage gibt es nur eine logische Antwort:

1. Cum ajung în centru?
2. Unde este catedrala?
3. Pe ce stradă este spitalul?
4. În ce piaţă este biserica?
5. Unde este o staţie de taxiuri?
6. Florăria Natura este lângă restaurantul Macul Roşu?
7. Farmacia este departe de spital?
8. Unde este un magazin de pantofi?

a) După colţ este o staţie de taxiuri.
b) Catedrala este în Piaţa Proclamaţiei.
c) Pe jos. Cinci minute de mers pe jos.
d) Nu ştiu în ce piaţă este biserica.
e) Nu, florăria Natura este lângă o pizzerie.
f) Spitalul este pe strada Eminescu, la numărul 20.
g) Luaţi-o pe prima stradă la dreapta. În capătul străzii este un magazin de pantofi.
h) Nu, farmacia este aproape de spital.

1.	2.	3.	4.	5.	6.	7.	8.

Ü5: **Bilden Sie die Pluralformen folgender Substantive und ergänzen Sie den bestimmten Artikel im Singular und im Plural:**

Masculin		Neutru		Feminin	
singular	plural	singular	plural	singular	plural
autor**ul**	autor**ii**	accent**ul**	accent**ele**	adresă – adres**a**	adres**ele**
ban		accident		capitală	
bunic		bagaj		ciocolată	
coleg		spital		persoană	
copac		stat		hartă	
pantof		magazin		casă	
cofetar		sat		chitară	
biscuit		oraş		bunică	
iris		pahar		lună	
bărbat		frigider		mătură	
salariat		film		bancă	
iubit		aeroport		cămaşă	
artist		ceas		dimineaţă	
turist		chibrit		limbă	
brad		dans		seară	

Masculin		Neutru		Feminin	
singular	plural	singular	plural	singular	plural
copil		desert		ţigară	
erou		dulap		învăţătoare	
fiu		lift		vânzătoare	
kilometru		preţ		afacere	
litru		vin		floare	
ponei		hotel		clădire	
ardei		tren		cofetărie	
leu		popor		discuţie	
pepene		milion		lecţie	
peşte		paşaport		baie	
frate		vagon		foaie	
şarpe		televizor		perdea	
popă		renume		viorea	
papă		pronume		vopsea	

Ü6: Setzen Sie den bestimmten bzw. den unbestimmten Artikel ein!

a) Aceasta este **o** geantă.   Geanta este mare.

b) Acesta este . . . . . telefon.   Telefon. . . . . sună.

c) Acestea sunt . . . . . mese.   Mese. . . . . sunt frumos decorate.

d) Acesta este . . . . . elev.   Elev. . . . . este în clasă.

e) Acestea sunt . . . . . creioane.   Creioane. . . . . sunt pe bancă.

f) Acestea sunt . . . . . cărţi.   Cărţi. . . . . sunt grele.

g) Aceasta este . . . . . cretă.   Cret. . . . . este roşie.

h) Acesta este . . . . burete.   Burete. . . . . este murdar.

i) Acestea sunt . . . . . case.   Case. . . . .sunt noi.

j) Aceştia sunt . . . . . copii.   Copii. . . . . merg în excursie.

k) Aceasta este . . . . . fată.   Fat. . . . . este cuminte.

l) Aceştia sunt . . . . . elevi.   Elevi. . . . . dau un examen.

Ü7: Ergänzen Sie die folgenden Sätze mit den entsprechenden Demonstrativa und mit der entsprechenden Form der Substantive sowie mit unbestimmten bzw. mit bestimmten Artikeln:

Demostrativum der Nähe

Aceasta   este o   **fată. Fata**   este cuminte.

. . . .   sunt **nişte**   . . . .   sunt pe masă.

. . . .   este **un**   . . . .   are multe etaje.

. . . .   este **un**   . . . .   este galben.

. . . .   este **un**   . . . .   merge la Viena.

. . . .   sunt **nişte**   . . . .   zboară.

. . . .   este **un**   . . . .   duce copiii la şcoală.

. . . .   este **un**   . . . .   face mâncare bună.

. . . .   sunt **nişte**   . . . .   nu au valoare.

. . . . este **o**   . . . . este dulce.

. . . . sunt **nişte**   . . . . dăunează sănătăţii.

Demostrativum der Distanz

Acela este **un**   **băiat. Băiatul** merge la şcoală.

. . . . este **un**   . . . . este atent.

. . . . sunt **nişte**   . . . . sunt pe stradă.

. . . . este **o**   . . . . este mulţumită.

. . . . sunt **nişte**   . . . . sunt bune.

. . . . este **o**   . . . . este la piaţă.

. . . . sunt **nişte**   . . . . sunt negri.

. . . . este **un**   . . . . zboară la Paris.

.... sunt **nişte** 🥕 .... sunt portocalii.

.... sunt **nişte** 🛂 .... sunt falsificate.

.... este **un** 👨‍⚕️ .... este competent.

▪ Lektion 6

Wie die Zeit vergeht! ◇ Cum trece timpul!

Ü1: Zu welcher Jahreszeit gehören diese Monate? Ordnen Sie bitte zu.

martie
aprilie
mai

iunie
iulie
august

septembrie
octombrie
noiembrie

decembrie
ianuarie
februarie

Ü2: Welche Adjektive entsprechen den folgenden Wörtern?

Beispiel:
• nor → nor**os**, nor**oasă**

1. ger → ....
2. vânt → ....
3. ceaţă → ....
4. răcoare → ....

5. ploaie → ....
6. frig(*ur*) → ....
7. cald(*ă / ur*) → ....

Ü3: *Cum e vremea astăzi?* Beschreiben Sie die Bilder!

Ü4:   Azi/Mâine/Pomâine/Răspoimâine. Bitte antworten Sie.

Azi e luni. Şi **mâine**? Ce zi e mâine? . . . .

Azi e vineri. Şi **mâine**? Ce zi e mâine? . . . .

Mâine e marţi. Şi **poimâine**? Ce zi e poimâine? . . . .

Mâine e duminică. Şi **poimâine**? Ce zi e poimâine? . . . .

Azi e miercuri. Şi **poimâine**? Ce zi e poimâine? . . . .

Azi e joi. Şi **răspoimâine**? Ce zi e răspoimâine? . . . .

Mâine e sâmbătă. Şi **răspoimâine**? Ce zi e răspoimâine? . . . .

Ü5: Ergänzen Sie die Sätze wie im Beispiel:

> **Beispiel:**
> • Adrian aleargă *joia* ...
> • Adrian aleargă joia, iar Maria aleargă marțea.

Adriana verifică e-mailuri *lunea*, iar Marian . . . .

Vasile ia masa cu părinții *duminica*, iar Mihaela . . . .

Maria pleacă în delegație *marțea*, iar Florica . . . .

Violeta mănâncă cu clienții *vinerea*, iar eu . . . .

Ursula are cursul de română *miercurea*, iar Ines . . . .

Mihai joacă tenis *joia*, iar tu . . . .

Violeta cântă în cor *sâmbăta*, iar Viorel . . . .

Ü6: Lesen Sie bitte die Texte und ordnen Sie die Bilder richtig zu!

1. În ce dată suntem astăzi ? Este 21 iunie. Începe vara. Vara este cald în România Este vacanță, oamenii merg în concediu, la munte sau la mare.

2. Suntem în 23 septembrie. E toamnă. Cerul este gri. Bate vântul. E frig și plouă.

3. Lumea se pregătește pentru iarnă. În România iarna este foarte frig. E ger și multe grade sub zero. Uneori ninge mult. Zăpada este înaltă. E 21 decembrie. În curând este Crăciunul.

4. Primăvara este foarte frumoasă. Ea începe în 23 martie. Câmpiile sunt verzi, florile înfloresc. Apar ghioceii, lăcrimioarele viorelele. Albinele zumzăie. Peste tot e viață, mișcare și veselie.

Ü7: Verbinden Sie die ausgeschriebene Datumsangabe mit der entsprechenden Form in Ziffern:

1.	trei noiembrie două mii şase	a)	15.01.2007
2.	nouăsprezece septembrie două mii douăzeci	b)	13.05.2019
3.	cincisprezece ianuarie două mii şapte	c)	19.09.2020
4.	treisprezece mai două mii nouăsprezece	d)	03.11.2006
5.	optsprezece iunie două mii şapte	e)	10.08.1902
6.	douăzeci şi doi iulie două mii cinci	f)	01.02.2000
7.	întâi februarie două mii	g)	18.06.2007
8.	zece august o mie nouă sute doi	h)	22.07.2005

Ü8: Ergänzen Sie bitte mit den richtigen Fragen:

. . . .? E joi.

. . . .? Suntem în 2007.

. . . .? Astăzi este marţi, întâi ianuarie 2010.

. . . .? Suntem în aprilie.

. . . .? E vară.

. . . .? 27 octombrie

Ü9: Ce dată e?

Azi e luni, 12 mai. Şi **mâine**? . . . .

Azi e miercuri, 17 august. Şi **mâine**? . . . .

Mâine e marţi, 31 iulie. Şi **poimâine**? . . . .

Mâine e duminică, întâi februarie. Şi **poimâine**? . . . .

Azi e joi, 2 aprilie. Şi **poimâine**? . . . .

Azi e joi, 10 februarie. Şi **răspoimâine**? . . . .

Mâine e sâmbătă, 5 septembrie. Şi **răspoimâine**? . . . .

Ü10: Ergänzen Sie mit der richtigen Endung:

1. Copiii adun. . . . . castane în parc.

2. Dumneavoastră anunţ. . . . câştigătorul.

3. Tu arunc. . . . . gunoiul la coşul de gunoi.

4. Eu modific. . . . . exerciţiile pentru studenţi.

5. Tu planific. . . . . o călătorie în România.

6. Noi termin. . . . . repede cumpărăturile.

7. Eu urc. . . . . în autobuz.

8. Casiera verific. . . . . încasările.

9. Voi explic. . . . . turiştilor ruta.

10. Fata ascult. . . . . un post de radio românesc.

11. Tu inviţ. . . . . mulţi prieteni la chef.

12. Angela Gheorghiu cânt. . . . . superb.

13. Noi discut. . . . . despre filmul lui Radu Jude.

14. Astăzi cursanţii repet. . . . . verbul la cursul de limba română.

15. Băiatul sărut. . . . . fata pe obraz.

16. Sunt bătrân, uit. . . . . mult în ultimul timp.

17. Angajaţii nu accept. . . . . decizia şefului.

18. Pacientul aşt. . . . .pt. . . . . în cabinet.

19. Eu alerg. . . . . în fiecare dimineaţa o oră.

20. Sunt foarte bolnav, chem. . . . . doctorul.

21. Eşti la magazin, încerc. . . . . o rochie.

22. Voi plec. . . . . la farmacie.

23. Tu întreb. . . . . unde este piaţa.

24. Noi zbur. . . . . cu avionul la Bucureşti.

25. Tinerii j. . . . .c. . . . . baschet de performanţă.

26. El p. . . . .rt. . . . . blugi şi adidaşi.

27. Te r. . . . .g să îmi dai un creion.

28. Eu nu lucr. . . . ., tu lucr. . . . .?

29. Avionul *TAROM* ateriz. . . . . în câteva minute.

30. Studentul complet. . . . . formularul.

31. Noi corect. . . . . traducerea.

32. Voi dans. . . . . până noaptea târziu.

33. Avionul decol. . . . . cu întârziere.

34. Eu fotografi. . . . . peisaje în România.

35. Tu nu fum. . . . . deloc, dar eu fum. . . . . foarte mult.

36. Noi închiri. . . . . un apartament în Viena.

37. Institutul organiz. . . . . cursuri de limba română pentru străini.

38. Eu parch. . . . . în parcarea magazinului, tu unde parch. . . . .?

39. Eu studi. . . . . la universitate, tu unde studi. . . . .?

40. Ca să ajungem la piață, travers. . . . . strada.

41. Fata vis. . . . . cu ochii deschiși.

42. Turistul vizit. . . . . muzeul Antipa.

ÜII: Ordnen Sie die Verben den Personen zu!

Vorsicht: Manche Verben sind zwei Personen zuzuordnen!

---

lucrezi, mănânc, plecați, stau, dăm, luăm, iei, lucrați, fumez, telefonați, pleci, lucrez, vizităm, vizitezi, dansați, cântăm, fumăm, dansez, telefonezi, mâncăm, dau, cumpăr, cumperi, salutați, terminăm, saluți, stai, stăm, plecăm, fumezi, ierți, scuzați, modifică, afirmăm, iartă, discutăm, anunțați, aruncă, toarnă, pleacă, plec, sun, zburăm, răstoarnă, ridicăm, cheamă, explici, gustați, urci, discută, modific, câștigă, câștigați, răsturnăm, joc

---

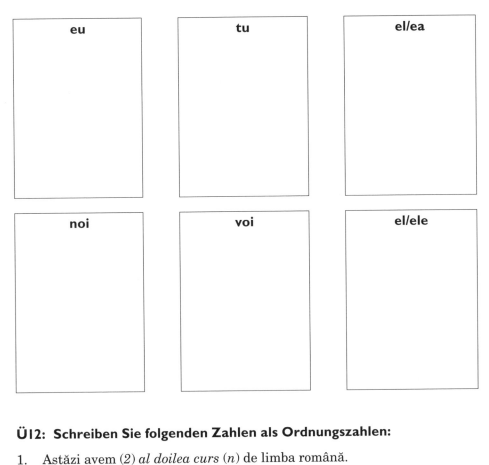

eu	tu	el/ea
noi	voi	el/ele

Ü12: Schreiben Sie folgenden Zahlen als Ordnungszahlen:

1. Astăzi avem (2) *al doilea curs* (n) de limba română.

2. Biroul meu este la etajul (n) (3) . . . .

3. (10) . . . . zi (f) a lunii mai este într-o duminică.

4. August este (8) . . . . sau (9) . . . . lună (f) a anului?

5. Acesta este (7) . . . . client (m).

6. Pe (1) . . . . decembrie este ziua națională a României.

7. Iau (4) . . . . pastilă (f) după masa de prânz.

8. Luni este (1) . . . . zi (f) din săptămână.

9. Gheorghe este (5) . . . . candidat (m).

10. Aceasta este (10) . . . . propoziție (f) din exercițiu.

ÜI3: Schreiben Sie die Ordnungszahlen wie im Beispiel:

> **Beispiel:**
> • 2 maşină → a doua maşină

1 copil (*m*) → . . . .

1 fată (*f*) → . . . .

2 economist (*m*) → . . . .

3 şcoală (*f*) → . . . .

1 hotel (*n*) → . . . .

4 carte (*f*) → . . . .

7 etaj (*n*) → . . . .

14 persoană (*f*) → . . . .

27 zi (*f*) → . . . .

10 lună (*f*) → . . . .

50 pagină (*f*) → . . . .

8 bărbat (*m*) → . . . .

9 elevă (*f*) → . . . .

6 pagină (*f*) → . . . .

▄ Lektion 7

Treffpunkt ◇ Punct de întâlnire

ÜI: Was gehört zusammen? Verbinden Sie!

1.	şapte şi un sfert	a) 16:50
2.	opt şi jumătate	b) 06:53
3.	şapte fără şapte minute	c) 16:08
4.	unsprezece fără un sfert	d) 22:45
5.	nouă fără două minute	e) 01:45
6.	patru şi opt minute	f) 08:30
7.	două fără un sfert	g) 20:58

8. cinci fără zece minute
9. zece şi treizeci şi cinci de minute
10. zece fără patru minute

h) 07:15
i) 21:56
j) 10:35

Ü2: Schreiben Sie die Uhrzeiten aus!

5:45 . . . .

7:30 . . . .

10:45 . . . .

13:15 . . . .

15:36 . . . .

17:47 . . . .

20:55 . . . .

22:09 . . . .

23:19 . . . .

Ü3: Formulieren Sie Sätze wie im Beispiel:

Beispiel:
firmă – 15.00–16.20 (eu)
• Eu sunt **la** firmă *de la ora* 15.00 *până la ora* 16.20.
• Eu sunt la firmă de la ora trei până la ora patru şi douăzeci după amiaza.

operă – 20.30–22.45 (noi) . . . .

cinema – 19.45–21.30 (ele) . . . .

şcoală – 8.00–15.50 (tu) . . . .

mall – 12.00–16.30 (el) . . . .

medic – 14.10–14.35 (ea) . . . .

curs – 17.30–19.30 (voi) . . . .

birou – 7.30–13.30 (eu) . . . .

piaţă – 7.00–8.00 (ei) . . . .

U4: Was machen Sie diese Woche zu den folgenden Uhrzeiten?

ziua|ora	activitate
Luni 8:00 10:10 16:00	
Marţi 12:00 19:30	
Miercuri 06:45 13:50 21:00	
Joi 11:30 17:45	
Vineri 14:05 22:00	

ziua|ora	activitate
Sâmbătă 09:15 15:40 23:45	
Duminică 14:00 20:30	

Ü5: **Antworten Sie wie im Beispiel:**

> **Beispiel:**
> • **Bei apa** aceasta?
> • Da, **beau** apa aceasta./ Nu, **nu beau** apa aceasta.

Bea Ana ceva? – . . . . – .

. . . .

Ai nevoie de acest ceas? – . . . .

. . . .

Cade băiatul pentru că nu e atent? – . . . .

. . . .

Beți bere la masa de prânz? – . . . .

. . . .

Vedeți tabloul acesta? – . . . .

. . . .

Pot ele rezolva acest exercițiu? – . . . .

. . . .

Scazi corect numerele acestea? – . . . .

. . . .

Vezi acest film astăzi? – . . . .

. . . .

Bei sucul acesta? – . . . .

. . . .

Revedeţi astăzi aceste exerciţii? – . . . .

. . . .

Ai timp mâine? – . . . .

. . . .

Ü6:   Ergänzen Sie mit der richtigen Form des Verbs:

> **Beispiel:**
> (a avea)   El . . . . . astăzi timp.
> El *are* astăzi timp.

(a vedea)   Bunica . . . . fără ochelari.

(a bea)   Eu . . . . cu plăcere vin alb.

(a vrea)   Băiatul nu . . . . îngheţată.

(a vedea)   Fetele . . . . filmul acesta la cinematograf.

(a revedea) Tu . . . . azi locurile natale.

(a cădea)   Eu nu . . . . pentru că sunt atent.

(a zăcea)   Cartea . . . . pe pat.

(a părea)   Ele . . . . dezorientate.

(a dispărea) Hoţul . . . . după colţ.

(a putea)   Voi nu . . . . mânca mult.

(a apărea)   Luna . . . . dintre nori.

(a vedea)   Voi . . . . acest film documentar la televizor.

(a avea)   Noi . . . . multe întrebări cu privire la tema aceasta.

(a vedea)   Băieţii . . . . multe filme.

(a bea)   Maria . . . . o cafea la cafenea.

(a prevedea) Legea . . . . pedepse aspre pentru viol.

Übliche Konstruktionen mit *a avea*:

a avea nevoie (*etwas brauchen*)
a avea de gând să (*etwas vorhaben*)
a avea treabă (*zu tun haben*)
a avea timp (*Zeit haben*)
a avea habar de (*Ahnung haben*)
a avea chef (*Lust haben auf*)

Ü7: Wählen Sie drei Konstruktionen mit dem Verb *a avea* und bilden Sie Sätze:

. . . .

. . . .

. . . .

Ü8: Ergänzen Sie die richtigen Formen der Demonstrativa:

a. **acesta, aceştia, aceasta, acestea**

Băiatul . . . . este un verişor. Pantofii . . . . sunt murdari.

Cartea . . . . este interesantă. Florile . . . . sunt scumpe.

Ceasul . . . . nu funcţionează bine. Autobuzele . . . . circulă

prost.

b. **acela, aceia, aceea, acelea**

Elevul . . . . nu învaţă bine. Părinţii . . . . cumpără

cadouri pentru copii. Funcţionara . . . . este competentă. Şcolile

. . . . sunt renumite. Trenul . . . . circulă bine. Faxurile

. . . . nu sunt importante.

c. **acelaşi, aceiaşi aceeaşi, aceleaşi**

. . . . bărbat este mereu punctual. . . . . călători sunt în fiecare dimineaţă pe peron. Am . . . . maşină ca şi Viorel. Am nevoie de . . . . cărţi ca şi Petru. Iau întotdeauna la ora opt . . . . autobuz. La cinematograf rulează de o lună . . . . filme.

Ü9: Schreiben Sie die Sätze von a) und b) aus der vorigen Übung mit den Kurzformen der Demonstrativa und mit dem Substantiv ohne Artikel um.

a. **acest, aceşti, această, aceste**

Acest <u>băiat</u> este un verişor. . . . . sunt murdari. . . . . este interesantă. . . . . .sunt scumpe. . . . . nu funcţionează bine.. . . . . circulă prost.

b. **acel, acei, acea, acele**

Acel <u>elev</u> nu învaţă bine. . . . . cumpără cadouri pentru copii. . . . . este competentă. . . . . sunt renumite. . . . . circulă bine. nu sunt importante.

Ü10: Bilden Sie Sätze mit den entsprechenden Demonstrativa:

> **Beispiel:**
> ***ziar (eu cumpăr)***
> • Cumpăr ziar**ul** *acesta*. // Cumpăr ziar**ul** *acela*.
> • Cumpăr *acest* ziar. // Cumpăr *acel* ziar.
> • Cumpăr mereu *acelaşi* ziar.

creion (tu împrumuţi)

. . . .

. . . .

. . . .

ciocolată (voi luaţi)

. . . .

. . . .

. . . .

pantofi (Maria încearcă)

. . . .

. . . .

. . . .

cărţi (ei cumpără)

. . . .

. . . .

. . . .

supă (noi mâncăm)

. . . .

. . . .

. . . .

vinuri (eu beau)

. . . .

. . . .

. . . .

filmele (fetele văd)

. . . .

. . . .

. . . .

formular (funcţionara completează)

. . . .

. . . .

. . . .

exerciţii (eu modific)

. . . .

. . . .

. . . .

Freizeit ◈ Timpul liber

Ü1: **Was passt? Kreuzen Sie an. Mehrere Varianten sind möglich.**

a) **a merge**
   - ☐ tenis
   - ☐ la vânătoare
   - ☐ la televizor
   - ☐ la teatru
   - ☐ la plimbare

b) **a juca**
   - ☐ cărţi
   - ☐ muzică
   - ☐ fotbal
   - ☐ la plimbare
   - ☐ o expoziţie

c) **a colecţiona**
   - ☐ tablouri
   - ☐ la ghitară
   - ☐ în parc
   - ☐ grădinărit
   - ☐ timbre

d) **a se uita**
   - ☐ la un film
   - ☐ la cumpărături
   - ☐ la o piesă de teatru
   - ☐ la un meci
   - ☐ de şerveţele

e) **a face**
   - ☐ escaladă
   - ☐ jogging
   - ☐ fotbal
   - ☐ cumpărături
   - ☐ pescuit

f) **a cânta**
   - ☐ la cinema
   - ☐ la pian
   - ☐ tenis
   - ☐ la teatru
   - ☐ la vioară

Ü2: **Freizeitaktivitäten. Wie heißen diese Sportarten? Finden Sie für jede Zeichnung den rumänischen Begriff und bilden Sie dazu einen passenden Satz:**

a face gimnastică   Ana face gimnastică în fiecare zi.

. . . .

. . . .

. . . .

. . . .

. . . .
. . . .

. . . .
. . . .

. . . .
. . . .

. . . .
. . . .

. . . .
. . . .

. . . .
. . . .

. . . .
. . . .

. . . .
. . . .

Ü3: **Ordnen Sie die Hobbys den Bildern zu! Bilden Sie Sätze mit dem Verb *a plăcea*!**

pescuit	drumeții	~~vânătoare~~	pictură
	călătorii	dans	olărit

vânătoarea Îmi place vânătoarea.

Ü4: Ergänzen Sie die richtige Endung:

1. Voi merg . . . . la munte.

2. Când ajung . . . . (noi) la destinație?

3. Eu aleg . . . . o carte de Mircea Cărtărescu.

4. Băieții nu înțeleg . . . . limba cehă.

5. Ea plâng . . . . pentru că nu îi place muzica.

6. Noi șter . . . . toate mailurile vechi.

7. Bunica fac . . . . prăjituri.

8. Aduc . . . . (noi) mâncarea pentru picnic?

9. Tu unde duc . . . . cartea și caietul?

10. Șoferul conduc . . . . cu atenție.

11. Mama interzic . . . . copilului înghețata.

12. Muncitorii din Pitești produc . . . . mașina DACIA.

13. Eu traduc . . . . corect textul.

14. Tu zic . . . . că mergi la mare, dar nu fac . . . . acest lucru.

15. Profesorul trimit . . . . un mail studenților.

16. De ce nu adm . . . . (tu) că fac . . . . (tu) greșeli?

17. Eu permit . . . . copilului un suc.

18. Ei promit . . . . că sunt cuminți.

19. Menajera deschid . . . . ferestrele.

20. El închid . . . . ușa.

21. Noi nu cred . . . . ce spun . . . . voi.

22. Tu deci . . . . când pleci în concediu.

23. Maria pierd . . . . trenul, pentru că ceasul nu merg . . . . bine.

24. Noi prind . . . . trenul pentru că ne grăbim.

25. Ele răspund . . . . corect la întrebare.

26. Gluma e atât de bună, că (noi) râd . . . . în hohote.

27. Tu pu . . . . o scrisoare la poștă.

28. Eu depun. . . . . la ambasadă o cerere pentru viză.

29. Profesorul impun. . . . . reguli stricte.

30. Fetele discută mult, rămân. . . . . mereu în urmă.

31. De ce nu spun. . . . . (voi) adevărul?

Ü5: **Erstellen Sie Sätze wie im Beispiel. Variieren Sie das Personalpronomen:**

Beispiel:
- a merge   câteodată   **Eu** merg câteodată la munte.

a rămâne	astăzi	. . . .
a deschide	noaptea	. . . .
a începe	seara	. . . .
a trimite	mâine	. . . .
a depune	acum	. . . .
a scrie	înainte de prânz	. . . .
a ajunge	acum	. . . .
a face	după amiaza	. . . .

Ü6: **Ergänzen Sie das passende Verb in der richtigen Form.**

Beispiel:
- El **începe** o carte nouă. (adună, aleargă, începe)

Noi . . . . câteva zile la mare. (facem, petrecem, punem)

Când . . . . autobuzul? (zice, admite, ajunge)

Ileana . . . . în dumeţii. (face, merge, pune)

Studenţii . . . . glume foarte reuşite. (spun, conduc, plâng)

Eşti supărat pentru că nu . . . . în Bucureşti. (rămâi, petreci, faci)

Lektion 9

Im Restaurant (I) ◈ La restaurant (I)

Ü1: Welches Wort passt nicht?

salată de vinete	supă	friptură	orez	prăjitură	vin
prăjitură	suc	cotlet	cartofi natur	tartă	apă minerală
ouă umplute	ciorbă	stridii	ton	cozonac	bere
zacuscă	supă de roșii	antricot	ghiveci	înghețată	țuică
salată boeuf	borș	grătar	mazăre	fructe	vișinată

Ü2: Ergänzen Sie die richtigen Wörter:

papanași, bucătăria, bere, bogată, omletă, restaurant, supe, apă minerală, chiflă, mâncare, ciorbe, mititei, salată, ceai, sarmale, mănânc, cafea, friptura

. . . . tradițională românească este pe gustul tuturor. Ea este foarte variată și . . . . Pentru că sunt în România în concediu, iau cele trei mese principale ale zilei la . . . .

La micul dejun mănânc o . . . . cu șuncă și cașcaval, legume și o . . . . Beau o cană de . . . . neagră, fără lapte și fără zahăr. Nu beau niciodată . . . . sau lapte. La cafea . . . . cu plăcere o felie de pâine cu dulceață.

La prânz restaurantele oferă diverse feluri de . . . . Am posibilitatea de a comanda . . . . sau . . . . diferite.

Des comand şi . . . . la grătar cu muţtar şi pâine albă; îmi plac

foarte mult. La prânz nu beau niciodată alcool, de aceea comand de regulă . .

. . . . carbogazoasă.

Cina nu este întotdeauna foarte uşoară. Uneori mănânc . . . . cu

mămăligă, alteori cârnaţi de casă cu cartofi şi o . . . . asortată.

Îmi place mult şi . . . . de pui, porc sau viţel. Acum beau . . . .

. . . . sau vin.

Niciodată nu uit desertul: . . . . , clătite sau găluşti cu prune.

Ü3:   Der Kellner fragt. Sie antworten.

Cum vă place cafeaua: cu zahăr sau fără zahăr?

. . . .

Cum vă plac sarmalele: cu mămăligă sau cu pâine?

. . . .

Vă plac băuturile alcoolice sau nealcoolice?

. . . .

Vă place salata de vinete sau salata boeuf?

. . . .

Vă place vinul alb sau vinul roşu?

. . . .

Vă plac papanaşii sau clătitele?

. . . .

Vă place salata asortată sau salata de varză?

. . . .

Ü4: Sie sind in einem Restaurant.

a) Was sehen Sie alles auf Ihrem Tisch?

b) Was können Sie in diesem Restaurant bestellen?

La **micul dejun** comand...	La **prânz** comand...	La **cină** comand...

Ü5: Schreiben Sie Fragen und Antworten nach dem Modell:

Beispiel 1:
(tu) cartofii natur (M.Pl.)
• Îţi plac cartofii natur?
• Da, îmi plac. Sunt <u>buni</u>.

Beispiel 2:
(tu) cartofii natur (M.Pl.)
• Îţi plac cartofii natur?
• Nu, nu îmi plac. Nu sunt <u>buni</u>.

E bun. Nu e bun. (M/N.Sg.)
Sunt buni. Nu sunt buni. (M.Pl.)
E bună. Nu e bună. (F.Sg.)
Sunt bune. Nu sunt bune. (F/N.Pl)

(ea) prăjiturile (F.Pl.)

. . . .

. . . .

(voi) berea (F.Sg.)

. . . .

. . . .

(dumneavoastră) vinul alb (N.Sg.)

. . . .

. . . .

(ele) cozonacul (N.Sg.)

. . . .

. . . .

(el) friptura de porc (F.Sg.)

. . . .

. . . .

(tu) cartofii prăjiţi (M.Pl.)

. . . .

. . . .

(ei) apa minerală (F.Sg.)

. . . .

. . . .

(tu) cafeaua (F.Sg.)

. . . .

. . . .

Ü6: Ordnen Sie die Verben richtig zu! Vorsicht: Manche Verben sind zwei Personen zuzuordnen!

> acopăr aminteşte auzim citesc construiţi descoperă despart dorim dormiţi suntem fugiţi gândesc găsiţi găteşte greşeşti hotărâm doborâţi izvorăşte ieşi încălzeşte îndrăzneşte îngrijesc întâlneşti iubesc locuim miros mulţumeşti munceşti moare oferă opresc părăsiţi plătim pornesc povesteşti pregăteşte primim răciţi sar servesc simţi ştiu trăim treziţi unesc urăsc vii vorbeşte locuim plăteşte doarme adormiţi aud minte citeşte construim descopăr miroase întâlneşte îndrăznesc sărim gătiţi iubim gândeşte oferim primeşte uneşte săriţi

eu	tu	el/ea

noi	voi	el/ele

64

Ü7: Lesen Sie bitte den folgenden Text und unterstreichen Sie die Verben der IV. Konjugationsgruppe (*auf -i* und *auf -î*) im Präsens. Ergänzen Sie dann die Tabelle mit der Infinitivform:

În fiecare noapte dorm bine, pentru că sunt foarte obosit. De regulă e linişte la noi în bloc. Dar astăzi aud zgomote la uşă. Cobor din pat şi ies din cameră. Înghit în sec. Mi-e frică. Simt un miros de parfum fin. De unde vine acest miros? Privesc podeaua. Ceva luceşte în bătaia lunii. E o batistă. O iau, o vâr în buzunar. O femeie. De unde vine femeia? Cine este? Locuieşte în acelaşi imobil cu noi? Mister... Mi-e tot mai frică. Hotărăsc că e mai bine revin în cameră. Privesc prea multe filme poliţiste la televizor. Şi filmele acestea nu sfârşesc niciodată bine.

Verben auf -i	Verben auf -î
dorm → a dormi	

Ü8: Antworten Sie auf die Fragen, indem Sie die richtige Verbform einfügen:

> **Beispiel:**
> • Ce **doriţi**? – **Doresc** un pahar de vin roşu.

Voi **plătiţi**? – Nu, ei . . . .

Ce **doriţi**, vă rog? – . . . . o porţie de sarmale.

65

Ce **gătește** bucătarul în restaurant? – . . . . ciorbă de salată verde.

Când **ieșiți** la restaurant? Noi . . . . astă seară.

Ce **pregătești** de mâncare? – . . . . o ciorbă rădăuțeană.

Ce **știu** copiii despre Crăciun? – . . . . că Moș Crăciun le aduce cadouri.

Unde **locuiesc** prietenii voștri? – . . . . la Viena.

În ce țară **trăiesc** românii? – Românii . . . . în România.

Câte limbi **vorbești** tu? – Eu . . . . numai limba germană.

De unde **veniți**, doamna Popescu? – . . . . de la restaurant.

Dormi bine noaptea? – Nu, nu . . . . prea bine.

Unde **muncește** Emil? – Emil . . . . într-un restaurant.

Ü9: Ergänzen Sie mit der richtigen Endung:

1. Mama vorb_ește_ cu copilul.

2. Bunica călător. . . . . foarte mult.

3. Voi cit. . . . . cu plăcere romane?

4. Fetele dor. . . . . înghețată.

5. Noi folos. . . . . dicționarul și traducem textul.

6. Unde găs. . . . . (noi) un dicționar românesc bun?

7. Tata găt. . . . . întotdeauna duminica.

8. Gând. . . . . (eu), deci exist.

9. Noi glum. . . . . des și cu plăcere.

10. Tânărul o iub. . . . . foarte tare pe Anca.

11. Noi întâln. . . . . persoane foarte interesante la acest meeting.

12. Marcel mulțum. . . . . soției pentru cadou.

13. Eu nu plăt. . . . . la timp factura de telefon.

14. Voi pregăt. . . . . niște sarmale excelente.

15. Irina zâmb. . . . . seducător.

16. Locu. . . . . (tu) de mult timp la Viena?

17. Noi vă întâln. . . . . în oraş azi după amiază.

18. Tâmplarii lăcu. . . . . mobila.

19. Eu tră. . . . . de zece ani în Viena.

20. Firma constru. . . . . foarte multe blocuri.

21. Ei ies. . . . . astă seară la cinema.

22. De unde şt. . . . . (voi) că se scumpeşte pâinea?

23. Mama aud. . . . . copiii în curte.

24. Pisica doarm. . . . . pe terasă, la soare.

25. Bebeluşul adoarm. . . . . în braţele mamei.

26. Soldaţii m. . . . . (a muri) în război.

27. Noi mulţu. . . . . şi plecăm mai departe.

28. Eu m. . . . . (a muri) de dorul lui.

29. Dumneavoastră veniţ. . . . . la timp la întâlnire.

30. Vremea dev. . . . . tot mai caldă, vine primăvara.

31. Poliţistul prev. . . . . o crimă atroce.

32. De ce revi. . . . . (tu) mereu la această temă?

33. Fratele meu simt. . . . . miros de cozonac.

34. Bărbatul miroas. . . . . a transpiraţie.

35. Femeia mir. . . . . un parfum foarte scump.

36. Tu fug. . . . . foarte repede.

Im Restaurant (II) ◇ La restaurant (II)

Ü1: Sie sind mit einem Freund im Restaurant und er fragt Sie, warum Sie bestimmte Speisen nicht bestellt haben.

Beispiel 1:	Beispiel 2:
• **De ce** nu ai luat supă de roșii?	• **De ce** nu ai băut bere?
• **Pentru** că nu îmi plac roșiile.	• **Pentru că** nu beau alcool.

De ce nu ai mâncat salată de vinete?

· ·

De ce nu ai comandat ciorbă de vițel?

· ·

De ce nu ai luat carne la grătar?

· ·

De ce nu ai gustat salata de roșii?

· ·

De ce nu ai mâncat gomboți cu caise?

· ·

De ce nu ai băut țuică?

· ·

De ce nu ai lăsat bacșiș?

· ·

Ü2: Schreiben Sie folgende Sätze mit dem Verb *a plăcea* im zusammengesetzten Perfekt um. Benutzen Sie alle Formen des Personalpronomens.

• Beispiel 1: Zacusca a fost bună. Mi-a plăcut zacusca.
• Beispiel 2: Băuturile nu au fost bune. Nu mi-au plăcut băuturile.

Berea românească *a fost bună*. . . . .

Sarmalele *nu au fost bune*. . . . .

Mămăliga *nu a fost bună*. . . . .

Micii *au fost buni*. . . . .

Salata de vinete *a fost bună*. . . . .

Chiftelele *au fost vechi*. . . . .

Ciorba *a fost gustoasă*. . . . .

Papanașii *au fost delicioși*. . . . .

Cafeaua *a fost prea slabă*. . . . .

Vinurile românești *au fost de calitate*. . . . .

Ü3: **Lesen Sie folgende Texte, unterstreichen Sie die Verben im zusammengesetzten Perfekt und ergänzen Sie die Steckbriefe mit den fehlenden Informationen.**

Mă numesc Paul Popescu. M-am născut și am trăit în România, dar trăiesc de 10 ani în Austria. Până nu demult am locuit la Linz, dar de câteva luni locuiesc în Viena și sunt chelner într-un restaurant. În urmă cu câteva zile am împlinit 40 de ani. Sunt căsătorit și am trei copii, doi băieți și o fată. În timpul liber merg la meciuri de fotbal.	Mă numesc Gudrun Hälther și am 25 de ani. M-am născut în Austria, dar părinții mei au emigrat în România. Așa că acum 10 ani am decis să cumpărăm o casă la Brașov. Nu lucrez, pentru că sunt încă studentă. Soțul meu însă lucrează. Avem un copil, un băiat, Andreas. Îmi plac muzica și lectura.
Nume: Prenume: Vârstă: Origine: Reședință: Meserie: Stare civilă: Copii: Hobby:	Nume: Prenume: Vârstă: Origine: Reședință: Meserie: Stare civilă: Copii: Hobby:

Ü4: **Zusammengesetztes Perfekt. Ergänzen Sie die Lücken mit der richtigen Form des Verbs in den Klammern.**

Alaltăieri Marcel Florea (a suna) *a sunat* la restaurantul Carul cu bere. Domnul Florea (a vorbi) . . . . la telefon cu doamna Dănilă, care lucrează în acest restaurant. Domnul Florea (a avea) . . . . o întrebare. Nu (a şti) . . . . la ce oră are rezervare la restaurant. Doamna Dănilă (a verifica) . . . . şi (a spune) . . . . că rezervarea este pe data de 13 iunie, la ora 19:00. Domnul Florea (a mulţumi) . . . . şi (a închide) . . . . Doamna Dănilă (a fi) . . . . bucuroasă că (a putea) . . . . fi de ajutor.

Ieri seară Marcel (a lua) . . . . cina la restaurant împreună cu soţia sa, Clara. Cei doi (a ajunge) . . . . la restaurant la ora 18:45, (a avea) . . . . rezervare la ora 19:00. Marcel şi Clara (a primi) . . . . meniul, apoi (a comanda) . . . . Marcel (a lua) . . . . un platou ţărănesc şi o ciorbă de burtă. Clara (a decide) . . . . să mănânce o supă de roşii şi o mămăligă cu brânză. Niciunul (a nu vrea) . . . . alcool, amândoi (a comanda) . . . . apă minerală. Ei (a lua) . . . . şi desert, o porţie de papanaşi pentru amândoi. Soţii Florea (a fi) . . . . foarte mulţumiţi de mâncare şi de servicii. La sfârşit ei (a plăti) . . . ., (a mulţumi) . . . . şi (a pleca) . . . . acasă. Seara (a fi) . . . . foarte frumoasă.

Ü5: **Schreiben Sie folgende Dialoge im zusammengesetzten Perfekt um.**

Unde mănânci astăzi? – Mănânc la restaurant.
Unde ai mâncat astăzi? – Am mâncat la restaurant.

Mănânci singur? – Nu, mănânc cu prietena mea.
. . . .

La ce oră plecați acasă? – Plecăm de acasă la ora șapte seara.

. . . .

Pentru ce oră aveți rezervarea? – Avem rezervarea pentru ora opt.

. . . .

La ce oră ajungeți la restaurant? – Ajungem în jurul orei opt.

. . . .

Mergeți pe jos? – Nu, mergem cu mașina.

. . . .

Plătiți împreună sau separat? – Plătim împreună, de fapt, eu plătesc.

. . . .

Cât plătești pentru cină? – Plătesc 200 de RON.

. . . .

Cum este mâncarea? – Mâncarea este foarte bună.

. . . .

Și cum sunt serviciile? – Serviciile sunt de calitate.

. . . .

Lași bacșiș? – Da, las bacșiș.

. . . .

Ce faceți după ce mâncați? – Mergem acasă și vedem un film.

. . . .

Ü6:   Schreiben Sie folgende Sätze im zusammengesetzten Perfekt um.

Noi locuim în Arad. **Anul trecut** *am locuit în Viena.*

Restaurantul este închis astăzi. **Ieri** . . . .

Maria nu are timp după amiază. **Înainte de masă** . . . .

Acum vorbesc cu Marian la telefon. **Aseară** . . . .

Tu asculți știrile la prânz. **La micul dejun** . . . .

Voi lucrați 8 ore pe zi. **Alaltăieri** . . . .

Astăzi este miercuri. **Ieri** . . . .

Cornel merge astă seară la restaurant. **Ieri seară** . . . .

Voi mâncați astăzi la prânz pește. Și **ieri** . . . .

Cristina deschide în fiecare dimineață fereastra. **Ieri dimineață** . . . .

Duminică mergem în excursie. Și **acum o săptămână** (a fi) . . . .

Ü7: Ergänzen Sie die Sätze nach dem folgenden Modell:

azi/ieri	Tu mergi la restaurant *azi*, eu am fost la restaurant *ieri*.
acum/adineauri	Eu fac exercițiul acum,
acum/altădată	Tu citești cartea astăzi,
în seara asta/ ieri seară	Ana iese în oraș în seara asta,
în dimineața asta/ ieri dimineață	În dimineața asta Gigel este ocupat,
azi la prânz/ieri la prânz	Azi la prânz mâncăm la restaurant,
astă noapte/ieri noapte	Astă noapte dormiți bine,
astă seară/ieri seară	Fetele merg astă seară la cinema,
anul acesta/anul trecut	Anul acesta băieții merg la munte,

Ü8: Beantworten Sie folgende Fragen negativ.

> **Modell:**
> • Ai așteptat mult timp?
> • **Nu, nu am** așteptat mult timp.

Ai văzut acest film la cinema?

. . . .

A deschis Ana fereastra astăzi?

. . . .

A adormit copilul repede?

. . . .

Aţi coborât la ultima staţie?

. . . .

Au alergat sportivii de dimineaţă prin pădure?

. . . .

Au dispărut petele de pe tricou?

. . . .

Ai pierdut multe puncte la test?

. . . .

A înţeles elevul explicaţia mea?

. . . .

A povestit bunica toată povestea?

. . . .

Aţi studiat la o universitate în România?

. . . .

Au văzut ultima expoziţie la muzeu?

. . . .

Au plecat acasă după-amiază?

. . . .

Ü9:   Antworten Sie nach dem Modell.

> **Modell:**
> • Ai înţeles romanul?
> • **Nu, încă nu** am înţeles romanul.

Ai cumpărat biletele la teatru?

. . . .

A comandat deja mâncarea?

. . . .

Aţi cerut nota de plată?

· ·

Au mulţumit pentru serviciile oferite?

· ·

Ai fotografiat acest peisaj minunat?

· ·

A văzut deja Braşovul?

· ·

Au ales restaurantul pentru petrecerea de duminică?

· ·

Aţi hotărât deja la ce restaurant sărbătoriţi ziua de naştere ?

· ·

Ü10: Antworten Sie nach dem Modell.

> **Modell:**
> • Ai schiat **vreodată** în România?
> • **Nu** am schiat **niciodată** în România.

A băut vreodată cafea la această cafenea?

· ·

Aţi mâncat vreodată într-un restaurant românesc?

· ·

Au fost vreodată în concediu în Austria?

· ·

Dumneavoastră aţi făcut vreodată curat în casă?

· ·

Ai zburat vreodată cu TAROM?

· ·

A râs vreodată la glumele lui?

. . . .

A iubit vreodată o româncă?

. . . .

Ați răcit vreodată vara?

. . . .

■ Lektion 11

Wir gehen einkaufen. Auf dem Markt ◇ La cumpărături. La piaţă

Ü1: Verbinden Sie die Begriffe mit dem passenden Obst/Gemüse auf dem Bild.

struguri

dovleac

mere

porumb

piersici

morcovi

pere

roşii

Ü2: Finden Sie die 10 Obst- und die 10 Gemüsearten?

P	R	U	N	E	A	E	I	O	P	Ă	L	W	Z	M	E	U	R	Ă	Y
I	Q	W	E	R	C	O	N	O	P	I	D	Ă	A	S	D	S	D	F	G
E	Z	X	C	V	B	N	Z	A	M	E	R	E	S	D	F	T	B	M	N
R	Z	X	X	X	C	V	P	O	R	T	O	C	A	L	E	U	Y	Z	Y
S	A	S	C	E	A	P	Ă	V	Â	Ț	Ș	L	Ș	Ț	Ț	R	A	S	D
I	P	W	A	E	R	E	R	I	Y	U	I	U	I	I	I	O	I	I	I
C	O	W	R	Q	A	R	D	N	A	R	D	E	I	Q	Q	I	Q	Q	Q
I	R	S	T	A	A	E	A	E	S	S	D	D	D	G	S	H	J	J	L
X	U	V	O	N	M	O	U	T	O	A	A	A	E	E	A	O	O	O	S
G	M	H	F	H	J	J	K	E	L	L	Ș	Ș	B	Ț	L	A	A	A	T
E	B	C	I	R	E	Ș	E	A	A	P	I	I	A	U	A	U	O	O	R
B	B	C	C	D	D	M	O	R	C	O	V	I	N	E	T	E	F	F	U
G	G	H	H	J	J	K	K	L	L	R	A	U	A	Y	Ă	Y	U	Y	G
Q	W	E	R	T	Y	U	I	O	P	U	R	Ă	N	A	S	D	F	G	U
H	J	L	U	B	E	N	I	Ț	Ă	M	Z	K	E	L	Z	X	C	B	R
B	N	M	Ș	Ț	Ă	O	I	U	Y	R	O	Ș	I	I	W	Q	A	S	I

Ü3: Wie heißen die Früchte? Welche Farbe haben sie? Bilden Sie sinnvolle Sätze!

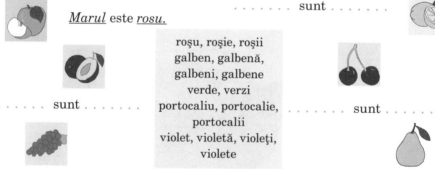

Marul este *rosu.*

. . . . sunt . . . .

roşu, roşie, roşii
galben, galbenă,
galbeni, galbene
verde, verzi
portocaliu, portocalie,
portocalii
violet, violetă, violeţi,
violete

. . . . sunt . . . .

. . . . sunt . . . .

. . . . este . . . .

. . . . este . . . .

. . . . sunt . . . .

. . . . sunt . . . .

. . . . este . . . .

. . . . este . . . .

Ü4: **Wie heißt das Gemüse? Welche Farbe hat es? Bilden Sie sinnvolle Sätze!**

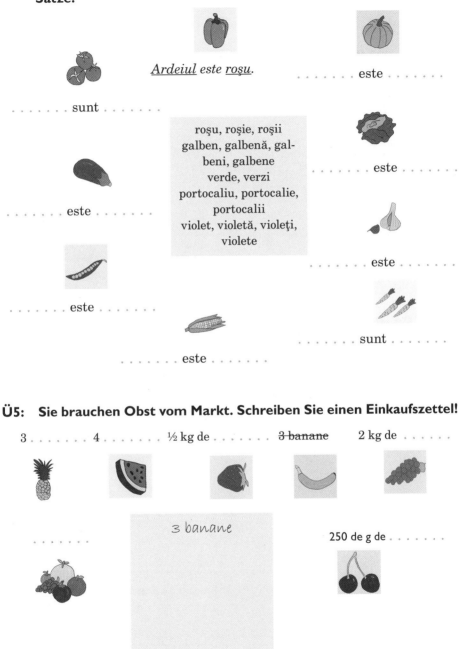

Ardeiul este *roşu.*

. . . . este . . . .

. . . . sunt . . . .

roşu, roşie, roşii
galben, galbenă, gal-
beni, galbene
verde, verzi
portocaliu, portocalie,
portocalii
violet, violetă, violeţi,
violete

. . . . este . . . .

. . . . este . . . .

. . . . este . . . .

. . . . este . . . .

. . . . sunt . . . .

. . . . este . . . .

Ü5: **Sie brauchen Obst vom Markt. Schreiben Sie einen Einkaufszettel!**

3 . . . . 4 . . . . ½ kg de . . . . ~~3 banane~~ 2 kg de . . . . .

3 banane

250 de g de . . . .

Ü6: Sie brauchen Gemüse vom Markt. Schreiben Sie einen Einkaufs-
zettel!

1. . . . . . .   4. . . . .   ½ kg de . . . .   ~~3 morcovi~~   1 kg de . . . .

. . . . . .

3 morcovi

5 . . . . . .

Ü7: Erstellen Sie kleine Dialoge nach dem folgenden Beispiel.

Beispiel:
• Aveţi cartofi, vă rog?
• Da, avem.
• Cât costă un kilogram?
• 3 lei.
• Două kilograme, vă rog.

– Aveţi . . . ., vă rog?

– Nu, ...

– Atunci, ...

– Da, ...

– Cât . . . .

– . . . .

– . . . .

Ü8: Was essen Sie gerne? Was essen Sie überhaupt nicht?

- **fructe**: Mănânc cu plăcere . . . . şi . . . .

. . . .

Nu mănânc deloc . . . ., ...

- **legume**: . . . .

. . . .

**Ü9: Es ist Wochenende. Sie gehen zum Markt. Was kaufen Sie?
Schreiben Sie einen kleinen Aufsatz.**

Ü10: Das ist ein Rezept für *salată de vinete*. **Ergänzen Sie bitte die fehlenden Wörter im Rezept.**

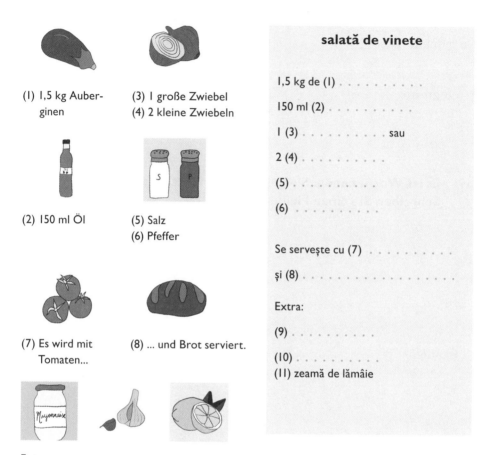

(1) 1,5 kg Auberginen

(3) 1 große Zwiebel
(4) 2 kleine Zwiebeln

(2) 150 ml Öl

(5) Salz
(6) Pfeffer

(7) Es wird mit Tomaten...

(8) ... und Brot serviert.

salată de vinete

1,5 kg de (1) . . . .

150 ml (2) . . . .

1 (3) . . . . sau

2 (4) . . . .

(5) . . . .

(6) . . . .

Se serveşte cu (7) . . . .

şi (8) . . . .

Extra:

(9) . . . .

(10) . . . .
(11) zeamă de lămâie

Extra:
(9) Mayonnaise (10) Knoblauch (11) Zitronensaft

Mod de preparare – reţeta

Vinetele se coc pe plită (grătar), se curăţă de pieliţă şi se lasă să se scurgă cam 4-5 ore. Vinetele curăţate se toacă mărunt pe un fund de lemn. Se taie ceapa foarte mărunt şi se amestecă cu vinetele şi cu puţină sare (după gust). Se face maioneza din muştar, gălbenuşuri crude şi ulei. Se amestecă vinetele tocate cu maioneza. Pentru o culoare frumoasă se adaugă şi puţină zeamă de lămâie. Salata de vinete se pune pe platou sau pe farfurie. Se mănâncă cu roşii şi pâine proaspătă.

	Sg.m./ Sg.n.	Pl.m.	Sg.f.	Pl.f./Pl.n.
wahr, richtig		adevărați		
alt			bătrână	
kompliziert				complicate
nett	drăguț			
elegant			elegantă	
glücklich				fericite
dick			groasă	
wichtig				importante
faul	leneș			
viel			multă	
unzufrieden				nemulțumite
müde	obosit			
voll		plini		
rund			rotundă	
teuer	scump			
traurig		trişti		
leicht				ușoare
fröhlich	vesel			

ÜI2: Ergänzen Sie die Sätze mit der richtigen Form des Adjektivs.

a) **argintiu, argintie, argintii**

Cuțitul acesta este . . . .   Tacâmurile acestea sunt . . . .

Lingura aceasta este . . . .   Cerceii aceștia sunt . . . .

b) **portocaliu, portocalie, portocalii**

Morcovul acesta este . . . .   Fructele acestea sunt . . . .

Portocala aceasta este . . . .   Pantalonii aceștia sunt . . . .

c) **roşu, roşie, roşii**

Eleva are un pix . . . .

Fetele cumpără flori . . . .

Cumpăr rochia . . . .

Cine are pantofi . . . .?

d) **nou, nouă, noi**

Acesta este un client. . . . .

Mobila este . . . . . . şi modernă.

În oraş sunt multe restaurante . . . .

Elevii . . . . nu au prieteni.

e) **mic, mică, mici**

Roşia este . . . .

Nu cumpăr morcovi, sunt . . . .

Copilul . . . . plânge mult.

Legumele . . . . sunt ieftine.

f) **ascultător, ascultători, ascultătoare**

Copilul este . . . .

Câinii sunt sunt . . . .

Fata nu este . . . .

Pisicile nu sunt . . . .

Ü13: Ergänzen Sie die richtigen Adjektivformen.

veche, vechi

a) oraşul . . . .

b) biserica . . . .

c) vinurile . . . .

d) pantofii . . . .

moale, moi

a) ou . . . .

b) pâini . . . .

c) castraveţi . . . .

d) cireşe . . . .

dulce, dulci

a) prăjitura . . . .

b) vinurile . . . .

c) sucul . . . .

d) ardeii . . . .

verde, verzi

a) castrave . . . .

b) rochie . . . .

c) pantofi . . . .

d) biciclete . . . .

mare, mari	**subţire, subţiri**
a) camerele	a) pantaloni . . . .
b) holul	b) cămaşă . . . .
c) băieţii	c) portmoneu . . . .
d) terasa	d) frunze . . . .

Ü14: Welche Farbe haben diese Tiere?

bleu, bej, gri, kaki, maro, ~~oranj~~, roz

(orange) *Fluturele este oranj.*

(beige) . . . .

(khaki) . . . .

(grau) . . . .

(hellblau) . . . .

(rosa) . . . .

(braun) . . . .

Ü15: Ergänzen Sie die Sätze mit den Gegensätzen der unterstrichenen Adjektive.

Piaţa acesta nu este <u>mare</u>, e . . . .

Castravetele nu este <u>gros</u>, e . . . .

Fructele nu sunt <u>vechi</u>, sunt . . . .

Roşiile nu sunt <u>coapte</u>, sunt . . . .

Gogoşarul nu e <u>scump</u>, e . . . .

Nuca nu este <u>moale</u>, este . . . .

Lămâia nu este <u>dulce</u>, este . . . .

Dunărea nu este <u>scurtă</u>, este . . . .

Ü16: Schreiben Sie die Sätze im Plural um.

Costumul e nou. . . . .

Ceapa este ieftină. . . . .

Căpşuna e roşie. . . . .

Cireaşa este dulce. . . . .

Piaţa este mare. . . . .

Clădirea este veche. . . . .

Câinele este bej. . . . .

Haina este portocalie. . . . .

Cartea este interesantă. . . . .

Aluna este tare. . . . .

Cămaşa este largă. . . . .

Camera este luminoasă.   . . . .

Roşia este coaptă.   . . . .

Ü17: Ergänzen Sie die Adjektive mit der richtigen Endung.

1. Doamna Popescu este foarte elegant*ă*.

2. Sarmalele sunt întotdeauna foarte reuşit. . . . .

3. Angelica este mic. . . . . şi foarte inteligent. . . . .

4. Barbara şi Matei sunt căsători. . . . .

5. Nadia este o mincino. . . . .s. . . . .

6. Maria şi Ana sunt foarte drăguţ. . . . .

7. Ei sunt străin. . . . .

8. Câinele este mare. . . . . şi gras. . . . .

9. Nicoleta şi Iulian sunt frumo. . . . .

10. Camerele sunt mar. . . . . şi spaţio. . . . .s. . . . .

11. Aceste maşini sunt no. . . . . (nou)

12. Carla este singur. . . . .

13. Casa lor este înalt. . . . . şi modern. . . . .

14. Marina este sportiv. . . . .; multe fete sunt sportiv. . . . .

15. Avalanşa de zăpadă este periculo. . . . .s. . . . .

16. Lina este gelo. . . . .s. . . . .; în general femeile sunt gelo. . . . .s. . . . .,
    iar bărbaţii mai puţin geloş. . . . .

17. Ioana este studio. . . . .s. . . . .

18. Bucătăria românească este bun. . . . ., dar uneori prea gras. . . . .

19. Meseria mea este interesant. . . . . şi creativ. . . . .

20. Corina este o visăto. . . . .r. . . . .

21. Pendula din hol este vech. . . . . şi frumo. . . . .s. . . . .

22. Ei îi place salata verd. . . . ., orezul cu bobul mar. . . . . şi fructele ro. . . . .
    (roşu).

23. Îmi plac pastele italien. . . . ., vinurile spaniol. . . . ., ciocolata elveţian. . . . . şi berea german. . . . ..

24. Am aici 1000 de dolari american. . . . .; aş vrea să cumpăr franci elveţien. . . . ..

25. Dorotheea Petre este o actriţă de origine român. . . . ., foarte discret. . . . . şi fermecăto. . . .r. . . . ..

Lektion 12

Wir gehen einkaufen. Im Supermarkt ◇ La cumpărături. La supermarket

Ü1: Verbinden Sie die Begriffe mit den entsprechenden Lebensmitteln!

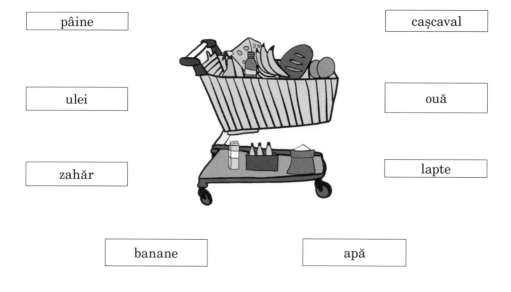

| pâine | caşcaval |

| ulei | ouă |

| zahăr | lapte |

| banane | apă |

Ü2: Schreiben Sie unter jedes Bild den richtigen Begriff auf Rumänisch.

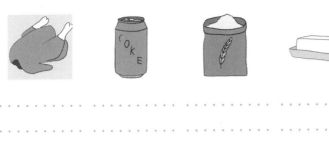

. . . .

. . . .

. . . .

. . . .

. . . .

. . . .

. . . .

. . . .

Ü3: Finden Sie die 20 versteckten Lebensmittel?

Z	A	H	Ă	R	A	E	I	A	P	Ă	M	I	N	E	R	A	L	Ă	Y
I	Q	W	E	R	T	Y	U	I	O	P	Ă	Ă	A	S	D	S	D	F	G
E	Z	X	C	V	B	N	Z	A	P	Â	I	N	E	D	F	T	B	M	N
R	Z	X	X	X	C	I	A	U	R	T	O	C	A	L	E	U	Y	Z	Y
C	A	S	C	T	A	R	Ă	Î	Â	Ț	Ș	L	Ș	Ț	U	N	T	S	D
O	Q	W	O	E	R	E	F	Ă	I	N	Ă	U	I	I	I	O	I	I	I
Z	Q	W	V	Q	J	R	D	E	I	Q	I	Q	C	Q	Q	I	Q	Q	Q
O	C	S	R	A	A	E	A	A	S	S	D	D	R	G	C	H	J	J	Î
N	A	V	I	M	M	O	U	I	O	A	A	A	E	E	A	O	B	O	N
A	F	H	G	H	B	J	C	A	C	A	O	Ș	N	Ț	R	A	R	A	G
C	E	C	I	R	O	Ș	E	A	A	P	I	I	V	U	N	U	Â	O	H
B	A	C	C	D	N	M	O	Ț	E	T	S	I	U	E	R	E	N	F	E
G	G	H	H	J	J	K	K	L	L	R	U	U	R	Y	B	Y	Z	Y	Ț
O	W	E	R	T	Y	U	I	O	P	U	C	Ă	Ș	A	S	D	Ă	G	A
U	J	L	G	R	I	S	I	N	E	M	Z	K	T	L	Z	X	C	B	T
Ă	N	M	Ș	Ț	Ă	M	U	Ș	T	A	R	T	I	E	W	Q	A	S	Ă

Ü4: **Sie sind in einem Lebensmittelgeschäft mit der Einkaufsliste für die nächste Woche. Was brauchen Sie und zu welchen Regalen gehen Sie? Schreiben Sie einen kleinen Aufsatz.**

. . . .

. . . .

. . . .

. . . .

. . . .

. . . .

. . . .

. . . .

. . . .

. . . .

Ü5: a) Ordnen Sie die Lebensmittel in die richtigen Regale ein!

cafea, apă minerală, prune, salam, mere, ciocolată, lubeniță, zahăr, smântână, salată, bomboane, căpşuni, lapte, morcovi, sărăţele, păstârnac, limonadă, ardei, şuncă, ceapă, sare, piper, crenvurşti, biscuiţi, ceai, pâine făină, carne de porc, napolitane, chifle, carne de vită, cozonac, praline, covrigi, brânză de vacă, cârnaţi, lipii, unt, carne de viţel, suc, cacao, bere, ouă, vin, carne de curcan, zmeură, parizer, maioneză, caşcaval, ulei, bacon, oţet, gumă de mestecat, carne de raţă, boia, iaurt, jeleuri, grisine, margarină

lactate

carne

legume şi fructe

mezeluri

diverse

dulciuri

produce de panificaţie

ingrediente

băuturi

89

b) Erstellen Sie Fragen und Antworten nach dem folgenden Modell:

> • Mă scuzaţi, unde găsesc apă minerală?
> • Găsiţi apă minerală la raionul de băuturi.

a) salam: . . . .

b) lubeniţă: . . . .

c) zahăr: . . . .

d) şuncă: . . . .

e) caşcaval: . . . .

f) hifle: . . . .

g) bere: . . . .

h) carne de viţel: . . . .

i) jeleuri: . . . .

j) sare: . . . .

k) crenvurşti: . . . .

l) bomboane: . . . .

m) zmeură: . . . .

Ü6: Stellen Sie Vergleiche an.

> • Iaurtul este **scump**.
> • Iaurtul este **mai scump decât** laptele.
> • Iaurtul este **cel mai** scump.

Jeleurile sunt gustoase.

. . . .

. . . .

Pâinea albă este proaspătă.

. . . .

. . . .

Piperul este ieftin.

. . . .

. . . .

Salamul este picant.

. . . .

. . . .

Vinul este vechi.

. . . .

. . . .

Berea Ursus este bună.

. . . .

. . . .

Ouăle sunt mari.

. . . .

. . . .

Înghețata este ieftină.

. . . .

. . . .

Chiflele sunt calde.

. . . .

. . . .

Ü7: Formulieren Sie Vergleiche nach dem Muster.

> • Ana este o elevă foarte cuminte (din clasă).
> • Ana este *cea mai cuminte* elevă *din clasă*.

Mihai este un băiat foarte harnic. (din clasă)

· ··

În acest cartier sunt blocuri foarte înalte. (din oraş)

· ··

La acest restaurant este o ciorbă de burtă foarte reuşită. (din regiune)

· ··

Bunica face un cozonac foarte gustos. (din lume)

· ··

Mama cumpără îngheţată foarte bună. (din supermarket)

· ··

Andreea mănâncă prune foarte coapte. (din livadă)

· ··

Prietenii noştri au o casă foarte frumoasă. (din localitate)

· ··

Tu ai un apartament foarte modern. (din bloc)

· ··

Admir un trandafir foarte frumos. (din parc)

· ··

Am cumpărat o canapea foarte comodă. (din magazin)

· ··

Ü8: Formulieren Sie Vergleiche nach dem Muster.

Elevul acesta este capabil.	Eleva aceasta este capabilă.
• Elevul acesta *este mai capabil* decât elevul acela. • Elevul acesta este *cel mai capabil* <u>dintre toţi elevii</u>.	• Eleva aceasta este mai capabilă decât eleva aceea. • Eleva aceasta este cea mai capabilă <u>dintre toate elevele</u>.

Băiatul acesta este frumos.   Fata aceasta este frumoasă.

. . . .

. . . .

Bărbatul acesta este inteligent.   Femeia aceasta este inteligentă.

. . . .

. . . .

Vânzătorul acesta este prietenos.   Vânzătoarea aceasta este prietenoasă.

. . . .

. . . .

Sportivul acesta este rapid.   Sportiva aceasta este rapidă.

. . . .

. . . .

Bunicul acesta este simpatic.   Bunica aceasta este simpatică.

. . . .

. . . .

Clientul acesta este mulţumit.   Clienta aceasta este mulţumită.

. . . .

. . . .

Scriitorul acesta este renumit.   Scriitoarea aceasta este renumită.

. . . .

. . . .

Motanul acesta este prietenos.   Pisica aceasta este prietenoasă.

. . . .

. . . .

Ü9:   Bilden Sie Minidialoge nach dem Muster.

> • E scump orezul?
> • Da, e foarte scump. / Da, e tare scump.

E proaspătă carnea?   – . . . .

E gustoasă zmeura?   – . . . .

Sunt scumpe cumpărăturile? – . . . .

E amabilă vânzătoarea?   – . . . .

E iute piperul?   – . . . .

Sunt dulci brioşele?   – . . . .

E rece berea?   – . . . .

E zemoasă lubeniţa?   – . . . .

Sunt buni crenvurştii?   – . . . .

E amară cafeaua?   – . . . .

E fierbinte ceaiul?   – . . . .

Ü10: Erstellen Sie Vergleiche nach dem Muster.

> • Berea este rece.
> • bere = limonadă
> • Berea este la fel de rece ca limonada.
>
> < mai puţin ... ca / decât
> = la fel de ... ca
> > mai ... ca / decât

Vinul roşu este vechi.
vin roşu = vin alb

. . . .

. . . .

Jambonul este proaspăt.
jambon < şuncă de Praga

. . . .

. . . .

Carnea de vită este sănătoasă.
carne de vită > carne de porc

. . . .

. . . .

Covrigii sunt tari.
covrigi = sărăţele

. . . .

. . . .

Laptele acru este gustos.
lapte acru = lapte bătut

. . . .

. . . .

Maioneza este grasă.
maioneză > ketchup

. . . .

. . . .

Orezul este sănătos.
orez > cartofi

. . . .

. . . .

Raionul de legume este bine aprovizionat.
raion de legume = raion de fructe

. . . .

. . . .

Lichiorul este tare.
lichior < ţuică

. . . .

. . . .

Făina integrală este sănătoasă.
făină integrală > făina albă

. . . .

. . . .

Lektion 13

Wohnungssuche ◇ În căutare de locuinţă

Ü1: Sie wohnen in einem Einfamilienhaus. Wie sieht es aus? Wie ist es aufgebaut?

1. *acoperiş*
2. . . . .
3. . . . .
4. . . . .
5. . . . .

6. . . . .
7. . . . .
8. . . . .
9. . . . .

Ü2: Sie wohnen in einem Hochhaus.
   A. Welche Wörter würden Sie mit einem Hochhaus verbinden?
   B. Was für Wohnungsarten haben wir in einem Hochhaus?

A.
1. . . . .
2. . . . .
3. . . . .
4. . . . .
5. . . . .
6. . . . .
7. . . . .
8. . . . .
9. . . . .

B.
1. . . . .
2. . . . .
3. . . . .

Ü3: Wie heißen diese Räumlichkeiten/Orte?

Este la subsol.
Se numeşte
pivniţă.

De aici intrăm în fiecare
încăpere.
Este . . . .

Aici păstrăm tot felul de
obiecte.
Este . . . .

Aici gătim tot felul de
mâncăruri.
Este . . . .

Aici mâncăm.
Este . . . .

Aici petrecem timpul
liber, citim, stăm de
vorbă sau ne uităm la
televizor.
Este . . . .

Aici dorm adulţii.
Este . . . .

Aici dorm copiii.
Este . . . .

Aici lucrăm sau
practicăm hobbyuri.
Este . . . .

Aici facem duş.
Este . . . .

Aici petrecem în mod a-
greabil timpul liber sau
facem grătar cu priete-
nii.
Este . . . .

În . . . . sunt
multe flori, uneori copa-
ci sau arbuşti şi un ga-
zon verde.

Ü4: Jeweils ein Wort passt nicht in die Reihe. Markieren Sie es!

1. bloc – casa scării – casă – vilă – duplex
2. apartament – cabană – garsonieră – studio – penthouse
3. boxă – palier – lift – casa scării – canalizare
4. baie – bucătărie – cămară – sală de conferințe – dormitor
5. fereastră – podea – perdea – perete – tavan
6. canalizare – electricitate – calorifer – încălzire – apă caldă curentă

Ü5: Lesen Sie den Text und wählen Sie die richtige Antwort.

Locuiesc la țară. Locuiesc într-o casă înșiruită. Nu este o casă foarte mare, dar este suficient de mare pentru două persoane. Avem trei camere: o cameră de zi, un dormitor și un birou. Avem și o bucătărie de tip american, destul de spațioasă și cu ieșire la terasă. Avem și o grădină mică, cu flori și gazon.

Acum sunt acasă. Stau în camera de zi și citesc. Camera aceasta este spațioasă și confortabilă. Îmi place să petrec timpul liber aici. Soția este în birou. Ea lucrează astăzi de acasă.

	adevărat	fals
Personajul locuiește la oraș, într-o casă.	☐	☐
Casa se compune din trei camere.	☐	☐
Bucătăria este mică și întunecoasă.	☐	☐
Casa nu are grădină.	☐	☐
Nu este nimeni acasă.	☐	☐
Camera de zi este încăpătoare și comodă.	☐	☐
Soția este azi la birou.	☐	☐

Ü6: **Erstellen Sie Aussagesätze in der ersten Person (Singular und Plural) und Fragen in der zweiten Person (Singular und Plural).**

singular	plural
a juca fotbal Eu vreau să joc fotbal. Vrei şi tu să joci fotbal?	*a juca fotbal* Noi vrem să jucăm fotbal. Vreţi şi voi să jucaţi fotbal?
a dansa	*a lucra în grădină* . . . .
a merge la piaţă	*a ieşi în oraş* . . . .
a vâna	*a merge la muzeu* . . . .
a înota	*a sta de vorbă* . . . .
a schia	*a face fotografii* . . . .
a merge în drumeţii	*a răspunde la întrebări* . . . .

Ü7: Was kann/will ich heute alles tun? Erstellen Sie Aussagesätze in der ersten Person (Singular):

Ce pot să fac astăzi?
Ce vreu să fac azi?

Astăzi vreau să gătesc.

. . . .

. . . .

. . . .

. . . .

. . . .

. . . .

. . . .

. . . .

Ü8: Bringen Sie die Wörter in die richtigen Reihenfolge:

> • vizităm / să / acest / trebuie / apartament
> • Trebuie să vizităm acest apartament.

îți / place / locuiești / singur / să

· ·

să / cu / neplăcut / vârstă / e / locuiești / părinții / această / la

· ·

am / caut / locuință / început / mare / mai / să / o

· ·

vrea / cine / acest / să / la / lucreze / proiect?

· ·

familia / să / doresc / locuiesc / cu / studiez / pentru că / încă

· ·

place / citesc / îmi / să / de / cărți / psihologie

· ·

vrem / întreținem / această / singuri / să / locuință

· ·

Georgiana / plimbare / să / dorește / facă / prin / pustiu / orașul

· ·

agent / Ion / să / o / întâlnire / fixeze / trebuie / cu / fixeze / imobiliar / un

· ·

cumpărătorii / încântați / participe / seară / la / să / informativă / sunt / o

· ·

vreți / plimbare / faceți / cu / motocicleta / să / sau / mașina / cu / oraș / prin / o / ?

· ·

Ü9: Schreiben Sie die Sätze nach dem Modell um. Verwenden Sie unterschiedliche Modalverben:

• Elena nu bea deloc ceai.
• Elena **trebuie** să bea ceai. / Elena **vrea** să bea ceai. / Elena **doreşte** să bea ceai.

Bolnavul nu respectă tratamentul.

. . . .

George nu participă la întâlnirea online.

. . . .

Ea nu face exerciţii la limba română.

. . . .

Copilul nu mănâncă multe fructe.

. . . .

Violeta nu pleacă în excursie cu colegii.

. . . .

Ana nu mănâncă niciodată micul dejun.

. . . .

Fetele nu citesc această carte.

. . . .

Băieţii nu joacă şah.

. . . .

Eliza şi Matei nu cumpără acest apartament.

. . . .

Proprietarul nu vinde această casă.

. . . .

Elevii nu merg astăzi la şcoală.

. . . .

Studentele nu lucrează serios la acest proiect.

. . . .

Ü10: Wer *kann* und wer *kann nicht*? Schreiben Sie Sätze nach dem untenstehenden Modell.

	☺	☹
a juca tenis	Elena	Rareş
a. a juca fotbal	Sanda	Marcel
b. a cânta la nai	Maria	Raluca
c. a schia	Petre	Ana
d. a înota	Andreea	Andrei
e. a merge cu rolele	Mihaela	Ioan
f. a dansa	Gabriel	Geta
g. merge în drumeţii	Ivan	Ioana

Rareş <u>nu</u> **poate** *să joace* tenis, dar Elena poate să joace tenis.

a) . . . .

b) . . . .

c) . . . .

d) . . . .

e) . . . .

f) . . . .

g) . . . .

Ü11: Schreiben Sie folgende Sätze nach dem Modell um. Benutzen Sie unterschiedliche Modalverben (*a plăcea, a vrea, a putea, a dori, a trebui*).

> • El *deschide* fereastra.
>
> • El *vrea / poate / trebuie / doreşte* ***să deschidă*** fereastra.

Fetiţa ascultă cântece pentru copii.

. . . .

Ea pregătește salată de vinete.

. . . .

Ei cumpără legume de la piață.

. . . .

Noi jucăm astăzi golf.

. . . .

Eu nu cânt niciodată.

. . . .

Voi mâncai la sfârșit de săptămână la restaurant.

. . . .

Magazinele sunt închise duminica.

. . . .

Tu lucrezi la un proiect foarte important.

. . . .

Ei cumpără mobilă pentru apartamentul nou.

. . . .

Copiii merg astăzi la muzeu.

. . . .

Ioana nu ascută ce spune profesorul.

. . . .

Eu fixez o întâlnire cu agenta imobiliară.

. . . .

Ü12: Antworten Sie wie im Modell.

> • Tu vrei să cumperi o casă? (*eu / apartament*)
> • Nu, eu vreau să cumpăr un apartament.

Tu doreşti să stai la hotel? (eu / la cabană)

. . . .

Maia vrea să meargă la teatru? (ea / la operă)

. . . .

Voi puteţi să cumpăraţi o motocicletă? (noi / un scuter)

. . . .

Ei doresc să viziteze Timişoara? (ei / Oradea)

. . . .

El vrea să plece în Franţa? (el / în Anglia)

. . . .

Dumneavoastră trebuie să semnaţi scrisoarea? (eu / acest formular)

. . . .

Ele doresc să partcipe la cursul de muzică? (ele / la cursul de desen)

. . . .

Dumneata poţi să stai în picioare? (eu / a sta jos)

. . . .

Tu trebuie să pleci acum acasă? (eu / mai târziu)

. . . .

Marin vrea să joace tenis? (el / a face escaladă)

. . . .

Voi doriţi să petreceţi vacanţa la mare? (noi / la munte)

. . . .

Geo trebuie să ia metroul? (el / un taxi)

. . . .

Ele vor să citească? (ele / a vedea un film)

. . . .

Tu doreşti să mergi la Gabriel? (eu / la Valeria)

. . . .

Dumneavoastră vreţi să vânaţi? (noi / a pescui)

. . . .

Ü13: Beantworten Sie die Fragen zuerst mit einem Verb im Infinitiv, dann mit einem Verb im Konjunktiv.

• Puteţi cumpăra o îngheţată?
a) Da, putem **cumpăra** o îngheţată.
b) Da, putem **să cumpărăm** o îngheţată.

Poţi înţelege acest film?

a) . . . .

b) . . . .

Putem ieşi împreună în oraş?

a) . . . .

b) . . . .

Eu pot vizita acest apartament?

a) . . . .

b) . . . .

Ele pot cumpăra această maşină?

a) . . . .

b) . . . .

Fetiţa poate folosi telefonul mobil?

a) . . . .

b) . . . .

Copilul poate scrie acest mesaj?

a) . . . .

b) . . . .

Bunica poate citi fără ochelari?

a) . . . .

b) . . . .

Puteţi găti mâncare românească?

a) . . . .

b) . . . .

Clienţii pot anula întâlnirea?

a) . . . .

b) . . . .

Dumneavoastră puteţi picta acest peisaj?

a) . . . .

b) . . . .

Eine komfortable Wohnung ◇ O locuinţă confortabilă

Ü1: Wie heißen die Objekte auf den Bildern? Schreiben Sie die Substantive in der Singular- und Pluralform.

frigider, frigedere · · · · · · · · ·   · · · · · · ·   · · · · · · · ·

· · · · · · · · ·   · · · · · · · · ·   · · · · · · · ·   · · · · · · · · ·

· · · · · · · · ·   · · · · · · · · ·   · · · · · · · ·   · · · · · · · · ·

· · · · · · · · ·   · · · · · · · · ·   · · · · · · · ·   · · · · · · · · ·

· · · · · · · · ·   · · · · · · · · ·   · · · · · · · ·   · · · · · · · · ·

Ü2: **Wie heißen diese Räume? Was sehen Sie dort? Ergänzen Sie die fehlenden Wörter.**

Aceasta este o *pivință*. Aici se află *niște etajere*.

Acesta este un . . . .
Pe perete atârnă un . . . .

Aceasta este o . . . .
Aici se află o . . . .
Pe un perete sunt două . . . .

Aceasta este o . . . .
Pe perete sunt niște . . . . și un . . . .
În . . . . mai sunt niște . . . ., un . . . . și
un . . . .

Aceasta este o . . . .
Pe perete atârnă un . . . .
Aici se mai află o . . . . și două . . . .

Aceasta este o . . . .
Pe perete sunt două . . . . Sub . . . . la perete se află un . . . .
Aici se mai află o . . . ., o . . . . și o . . . .

Acesta este un . . . .
Pe perete atârnă un . . . . Se mai văd un . . . .
și două . . . . Pe fiecare . . . . este câte o
. . . . Pe podea este un . . . . violet.

Aceasta este o . . . .

Din tavan atârnă un carusel muzical pentru bebeluşi. În

încăpere se mai văd un . . . ., o . . . . şi un

. . . . cu trei picioare.

Acesta este un . . . .

La fereastră sunt . . . . În încăpere se mai văd un

. . . ., şi un . . . . de birou. Lângă monitor

este o . . . . de birou.

Aceasta este o . . . .

Aici se văd o . . . ., un . . . . şi o . . . .

. . . . este mascată de un . . . . Pe perete este

o . . . .

Aceasta este o . . . .

Pe . . . . se află o . . . . cu trei . . . .

Ü3:   Jeweils ein Wort passt nicht in die Reihe. Markieren Sie es.

a)   draperie – covor – tablou – chiuvetă – lustră – perdea
b)   pat – perete – cearşaf – pernă – pătură – plapumă
c)   duş – cadă – televizor – chiuvetă – robinet – lavoar
d)   vitrină – sofa – perdea – fotoliu – scaun – masă
e)   terasă – subsol – pod – etajeră – hol – pivniţă
f)   canapea – noptieră – măsuţă – televizor – comodă – fotoliu
g)   birou – frigider – cuptor cu microunde – plită – aragaz – hotă
h)   vază – lustră – oglindă – mixer – tablou – covor

Ü4:   Ergänzen Sie mit den fehlenden Wörtern.

fotoliu, perdelele, laptopul, debara, scaun, vaza, comoda, pod, canapea,
măsuţă, masă, vitrina, pat, birou, draperiile

1. Eu am pe terasă o . . . . gri şi şase . . . . de aceeaşi
   culoare.

2. Am nevoie pentru camera de zi de o . . . . şi de două . . . .

3. Am un . . . . de 90 de cm, dar vreau să cumpăr unul mai mare.

4. Vreau să cumpăr o . . . . de nuc în acelaşi stil cu . . . .

5. . . . . aceasta frumoasă este de la bunica.

6. Când . . . . , cărţile şi documentele mele sunt pe . . . . ,
   nu mai am loc.

7. Unde este aspiratorul? A, da! Este în . . . . !

8. În . . . . păstrăm toate lucrurile vechi.

9. Astăzi am spălat . . . . şi . . . . Au fost foarte murdare.

10. Am pus florile cumpărate astăzi de la piaţă în . . . . de cristal
    de la mătuşa mea.

Ü5:   Beantworten Sie folgende Fragen nach dem Modell.

- În ce cameră ai pus masa?
- Am pus masa în sufragerie.

În ce cameră a pus fotoliul?

. . . .

În ce cameră au pus canapeaua?

. . . .

În ce cameră ai pus televizorul?

. . . .

În ce cameră au pus ele scaunele?

. . . .

În ce cameră am pus tablourile?

. . . .

În ce cameră ai pus covorul?

. . . .

În ce cameră ați pus frigiderul?

. . . .

În ce cameră a pus Eva perdelele noi?

. . . .

Ü6: Nominativ oder Akkusativ?

		Nominativ	Akkuzativ
a)	Agentul imobiliar întârzie la întâlnire.	☐	☐
b)	Mirela caută un apartament.	☐	☐
c)	El nu cumpără mobilă.	☐	☐
d)	Noi avem nevoie de o canapea.	☐	☐
e)	Veioza nu mai este pe noptieră.	☐	☐
f)	Mama admiră o comodă antică.	☐	☐
g)	Patul e nou.	☐	☐
h)	Voi cumpărați o mașină de spălat vase.	☐	☐
i)	Nu mai sunt perdele la magazin?	☐	☐
j)	Doina pune vaza pe masă.	☐	☐

Ü7: Bilden Sie Sätze.

a) Sorina – a cumpăra – un fotoliu   *Sorina cumpără un fotoliu.*

b) El – a căuta – o garsonieră   . . . .

c) Eva – a plăti – pendula   . . . .

d) George – a dori – o canapea   . . . .

e) Voi – a lua – din raft – o carte   . . . .

f) Eu – a avea nevoie – un şifonier   . . . .

g) Tu – a achita – produsele – la casă   . . . .

h) Noi – a aştepta – o livrare de mobilă   . . . .

Ü8: Erstellen Sie Fragen und Aussagesätze nach dem Beispiel.

Johannes – a vedea – <u>un magazin de pantofi</u> • **Ce** vede Johannes? • Johannes vede un magazin de pantofi.	*Johannes – a vedea – <u>un copil</u>* • **Pe cine** vede Johannes? • Johannes vede un copil.

Angela – a căuta – un apartament

. . . .

. . . .

Mariana – a coase – draperii noi

. . . .

. . . .

Profesorul – a întâlni – nişte studenţi

. . . .

. . . .

Domnul Popescu – a aştepta – un taxi

. . . .

. . . .

Ramona – a saluta – nişte prietene

. . . .

. . . .

Eu – a strânge – toate jucăriile

. . . .

. . . .

Noi – a citi – două romane poliţiste

. . . .

. . . .

Ü9: Bilden Sie Sätze nach dem folgenden Muster.

- Adela – a căuta – <u>mama</u>
- Adela **o** caută **pe** mama.

Vecinul – a vedea – <u>Florin</u>

. . . .

Domnul Director – a întâlni – <u>Violeta şi Ileana</u>

. . . .

Domnul Popescu – a aştepta – <u>client</u>

. . . .

Educatoarea – a pedepsi – <u>Iulian şi Matei</u>

. . . .

Ramona – a saluta – <u>profesoare</u>

. . . .

Bogdan – a căuta – <u>Ioana</u>

. . . .

Violeta – a aştepta – <u>colegă</u>

. . . .

Tatăl – a fotografia – <u>băieţi</u>

. . . .

Ü10: Beantworten Sie die Fragen nach dem Modell.

> • Ce faci cu . . . .? (*în* pivniță)
> • *Pun aragazul în pivniță.*

Ce face Mihai cu . . . .? (**lângă** frigider)

. . . .

Ce facem cu . . . . de la bunica? (**la** fereastră)

. . . .

Ce faceți cu . . . .? (**pe** comodă)

. . . .

Ce faci cu . . . . maro? (**în** hol)

. . . .

Ce faci cu . . . .? (**în** bucătărie)

. . . .

Ce face Anca cu . . . .? (**în** baie)

. . . .

Ce facem cu . . . .? (**în** camera de zi)

. . . .

Ce facem cu . . . .? (**în** sufragerie)

. . . .

Ce facem cu . . . .? (**pe** etajere)

. . . .

ÜII: Ergänzen Sie mit den angegebenen Präpositionen.

din	Sunt . . . . . Germania.
	Eşti . . . . . . Austria.
	Vine . . . . . România.
	Este . . . . . Braşov
la	Vasile merge . . . . . ora 7 . . . . . Universitate.
	Ea pleacă . . . . . Mamaia, ... mare.
	Ei vin . . . . . Hamburg.
	Eu lucrez . . . . . grădiniţă.
	Suntem . . . . . operă.
cu	Astăzi mâncăm împreună . . . . . părinţii.
	Mergi . . . . . cineva la cinema?
	Am mâncat şniţel . . . . . salată de cartofi.
	Suntem în aceeaşi echipă . . . . . ei.
	Ieşim . . . . . trotineta sau . . . . . bicicleta?

de	Aşteptăm . . . . . o jumătate . . . . . oră. Am mâncat supă . . . . . pui. Am comandat o sticlă . . . . . vin. El este un coleg . . . . . serviciu. Trăim la Viena . . . . . douăzeci . . . . . ani.
de la ... până la	Mergem cu maşina . . . . Viena . . . . Arad. . . . . ora 17:30 . . . . ora 19:30 avem curs online.
în	Eu locuiesc . . . . . Viena. Anul acesta nu plecăm . . . . . România de Crăciun. Banii nu mai sunt . . . . . cont.
într-o (în + o)	. . . . . oră suntem deja acasă. Am văzut reclama la acest produs . . . . . revistă.
într-un (în + un)	Pleacă acasă . . . . sfert de oră. Foaia este . . . . dosar.

Ü12: Ergänzen Sie mit den richtigen Präpositionen.

în/din

Femeia este . . . . . cameră.

Eugenia este . . . . . România.

Anne este . . . . . Finlanda.

Este cineva . . . . . clasă acum? . . . . . clasă mai sunt doar trei elevi.

Voi sunteţi . . . . . Costa Rica, ... concediu.

cu/de/pentru

Tu cumperi de la piaţă o legătură . . . . pătrunjel.

Maria varsă farfuria . . . . supă.

El pune pâinea în coşul . . . . pâine.

Paharul . . . . bere este plin?

Vrăjitoarea are un coş . . . . mere.

Pun lingura în dreapta, lângă farfuria . . . . supă.

Sticla . . . . apă minerală este goală.

Cumperi şi o sticlă . . . . .suc?

în/într-un/dintr-un/din

. . . . Viena sunt multe muzee.

. . . . Viena trenul pleacă după amiază.

Am pus copia . . . . dosarul verde.

Am pus copia . . . . dosar.

Sunt mulţi studenţi . . . . laboratorul de biologie?

Studenţii . . . . laborator au examen.

Ele sunt prietene . . . . Austria.

Ei sunt studenţi . . . . România.

Am doar două cursuri . . . . semestru.

De când ești . . . . Timișoara?

Când pleci . . . . Timișoara?

. . . . pivniță e din ce în ce mai puțin vin.

Vinul . . . . pivniță este foarte bun.

Luăm fotografiile . . . . albumul de familie.

Luăm fotografiile . . . . album de familie.

Punem fotografiile . . . . albumul de familie.

Punem fotografiile . . . . album de familie.

peste/pentru/spre/sub

Acum lucrez, te sun . . . . o oră.

Creionul este . . . . covor.

Dacă plouă, intru . . . . umbrelă!

Pregătesc o gustare . . . . fete.

Drumul . . . . Lipova este într-o stare proastă.

De unde iau un taxi . . . . centru?

Cartea este . . . . fotoliu.

Turiștii pleacă . . . . muzeu.

În parc, ... copaci, sunt multe bănci.

. . . . cine ai gătit astăzi?

Ü13: Unde este...? / Unde se află...?

Unde este cornul cu ciocolată?
Cornul cu ciocolată este _lângă_ *cana de cafea.*

Unde sunt creioanele?

. . . .

 Unde se află femeia în rochie gri?

. . . .

 Unde este coşul

. . . .

 Unde este femeia?

. . . .

 Unde sunt monedele?

. . . .

  Unde este foaia de hârtie?

. . . .

Unde sunt pensulele?

. . . .

 Unde este varza?

. . . .

Unde sunt morcovii?

. . . .

Unde este farfuria?

. . . .

Unde este şeveţelul?

. . . .

Unde este furculiţa?

. . . .

Unde este cuţitul?

. . . .

Unde este lingura?

. . . .

Unde este cana?

. . . .

Zukunftspläne ◇ Planuri de viitor

Ü1: Was passt nicht in der Reihe?

1. bon – factură – măsură – chitanţă
2. librărie – galanterie – croitorie – tutungerie
3. pălărie – joben – căciulă – căptuşeală
4. fular – centură – şal – batic
5. cămaşă – pantalon – tricou – pulover
6. geacă – impermeabil – dantelă – hanorac
7. pantof – ciorap – cizmă – gheată
8. ruj – pudră – săpun – fond de ten
9. pălărie – curea – fustă – poşetă

Ü2: Ordnen Sie die Wörter unter dem richtigen Oberbegriff ein!

hanorac   tricou   curea   tenişi   poşetă   sandale   sutien
chiloţi   cercei   lănţişor   cravată   cămaşă   cizme   fular   geacă
botine   pantaloni   pantofi sport   bretele   fustă   ie   brăţară
adidaşi   broşă   rochie   sacou   blugi   pulovăr   impermeabil
ciorapi   eşarfă   trening   batic   papuci

îmbrăcăminte	încălţăminte	lenjerie de corp	accesorii
hanorac			

Ü3: **Wie heißen die Objekte auf den Bildern? Schreiben Sie die Subs-
tantive in der Singular- und Pluralform.**

căciulă, căciuli . . . .

Ü4: Ergänzen Sie mit den Wörtern aus dem Kasten.

confecţii, poşetă din piele, o curea, pereche de pantofi, o parfumerie,

un vas de ceramică, ruj de buze, ediţie, rochia de seară,

să ieşim la cumpărături

Mall-ul e deschis, hai . . . .

Am nevoie de un parfum bun de la o . . . . De aici vreau să

cumpăr şi un . . . .

Mergem şi la raionul de . . . . vreau să cumpăr haine de vară.

Şi pentru pantalonii negri trebuie să caut . . . . neagră şi o

. . . . de bună calitate.

Să nu uităm şi de . . . . pentru ieşirea la operă, iar de la un

magazin de accesorii trebuie să cumpărăm o . . . . elegantă.

Am uitat să cumpăr . . . .; crezi că este la mall şi un magazin

de artizanat?

Iar eu caut o librărie, pentru că vreau să cumpăr ultima . . . .

a acestui roman.

Ü5: Kombinieren Sie!

- Cum va fi vremea?
- *Mâine* vremea va fi *bună*, iar cerul va fi *senin*. Vor fi 10° (grade).

Cum va fi vremea?

~~bună~~	azi		
rea	~~mâine~~		frumos
frumoasă	poimâine		senin
urâtă	răspoimâine	**Cum va fi cerul?**	noros
noroasă	peste două zile		gri
ploioasă	săptămâna aceasta		albastru
friguroasă	săptămâna viitoare		
călduroasă	peste o săptămână		
stabilă	peste două săptămâni		
instabilă	luna aceasta		
geroasă	luna viitoare		

. . . .

. . . .

. . . .

. . . .

. . . .

. . . .

. . . .

. . . .

. . . .

. . . .

. . . .

Ü6: Was brauchen Sie bei diesen Wetterlagen?

pulover, jerseu, şosete, şlapi, pantaloni lungi, cămaşă cu mânecă lungă, palton, sandale, pantaloni treisferturi, rochie, căciulă, bocanci, fular, pantaloni scurţi, mănuşi, umbrelă, pălărie de soare, cizme, ciorapi lungi, cămaşă cu mânecă scurtă, ciorapi groşi, *impermeabil*, botine, pălărie de soare, fustă, tricou, cizme de ploaie

1. De ce vei avea nevoie dacă va ploua?

   – Dacă va ploua, voi avea nevoie de un *impermeabil*, ...
   . . . .

.2. De ce vei avea nevoie dacă vei merge ştrand?

   – Dacă voi merge la ştrand, voi avea nevoie de... . . . .
   . . . .

3. De ce vei avea nevoie dacă va ninge?

   – Dacă va ninge, voi avea nevoie de... . . . .
   . . . .

4. De ce vei avea nevoie dacă va fi soare?

   – Dacă va fi soare, voi avea nevoie de... . . . .
   . . . .

5. De ce vei avea nevoie dacă va fi răcoare?

   – Dacă va fi răcoare, voi avea nevoie de... . . . .
   . . . .

6. De ce vei avea nevoie dacă va fi frig?

   – Dacă va fi frig, voi avea nevoie de... . . . .
   . . . .

Ü7: Ergänzen Sie die richtigen Pronomen.

. . . . . vom petrece Revelionul acasă.

. . . . . va vizita în februarie Muzeul de Ştiinţe ale naturii.

. . . . . nu vei vedea astă seară un film la cinema.

. . . . . voi retrage bani de la bancomat, deoarece am nevoie de bani.

Nu cred că . . . . . vor sta toată ziua la mall.

Când va rezolva . . . . . problema cu cumpărăturile?

. . . . . vei vedea singur de ce ai nevoie dacă plouă.

. . . . . voi pleca în România săptămâna viitoar. Veţi veni şi . . . . .?

. . . . . vor cumpăra ruj, fond de ten şi pudră.

Ü8: Ergänzen Sie die richtigen Formen des Hilfsverbs *a vrea*.

Mircea . . . . .vizita un apartament astăzi după-amiază.

Noi nu . . . . merge la schi iarna aceasta.

Credem că . . . . cumpăra bilete teatru.

Unde . . . . petrece Revelionul?

Dacă ei . . . . refuza cadoul, noi nu . . . . cumpăra altul.

Ce . . . . face Ana astăzi după amiază?

Cine. . . . . va explica corect problema la matematică?

Când (tu) . . . . repara televizorul?

Când . . . . putea Andrei să plece acasă?

Unde (voi) . . . . petrece concediul la vară?

Dumneavoastră la ce restaurant . . . . lua prânzul?

Cu cine (eu) . . . . discuta lucrarea de doctorat?

Cine . . . . verifica acest contract?

Femeile . . . . avea dreptul la acelaşi salariu ca bărbaţii.

Noi . . . . lupta pentru drepturi egale.

Ü9: **Beschreiben Sie Sebastians Aktivitäten mithilfe des formellen Futurs.**

luni	Ce va face Sebastian luni?
9:00/12:00 • a pregăti călătoria la Bucureşti	*De la ora 9:00 până la prânz va pregăti călătoria la Bucureşti.*
13:00 • a lua prânzul cu Carmen **(Curtea Veche)**	
15:00 • a pleca la aeroport	
16:45 • a ajunge la Bucureşti	
20:00 • a cina cu agenţii de vânzări	

marţi	Care va fi programul lui Sebastian marţi?
8:30/12:00 • a stabili targete de vânzări împreună cu echipele	
13:00 • a lua prânzul cu CEO România	
15:00/17:00 • a verifica scrisorile de intenţie pentru noi joburi ca agent de vânzări	

18:00

- a avea întâlnire cu un coleg de
liceu

20:00

- a merge la Moll

| miercuri | Ce va face Sebastian miercuri, înainte de prânz? |

7:00

- a lua un mic dejun rapid

7:30

- a chema un taxi / a pleca la
aeroport

8:45

- a zbura la Timişoara

Ü10: Was passt zusammen?

1. Mihaela are febră,   a) zilele o să fie mai scurte.

2. Ceasul e defect,   b) copiii o să meargă în fiecare zi la ştrand.

3. Nu vrem să ajungem târziu,   c) o să sune la spital.

4. Vine iarna,   d) nu o să ia tramvaiul.

5. Vine vara,   e) o să cumpăr alt ceas.

6. Ion are un job nou,   f) o să învețe toată ziua.

7. Aşteaptă următorul autobuz   g) o să văd dacă găsesc o mărime mai mare.

8. E un film bun în oraş,   h) o să plece la o firmă din Germania.

9. Fetele au examen,   i) o să mergeți la cinema?

10. Puloverul este mic   î) o să facem autostopul.

I	2	3	4	5	6	7	8	9	10

ÜII: Beantworten Sie die Fragen nach dem folgenden Modell.

> • Vrei **să cumperi** o sticlă de şampanie?
> • Da, *o să cumpăr* o sticlă de şampanie.

Vreţi să cumpăraţi nişte pantofi?

. . . .

Dumneavoastră vreţi să mergeţi la mall?

. . . .

Ionel vrea să cumpere o eşarfă pentru sora sa?

. . . .

Maria şi Oana vor să cumpere nişte fuste de vară?

. . . .

Vrei să vezi o piesă de teatru astă seară?

. . . .

Vreţi să mâncăm astăzi în oraş?

. . . .

Vrei să spună profesorul nota?

. . . .

Vrei să alergi astăzi?

. . . .

Vrea să înveţe româneşte?

. . . .

Vreţi să citiţi în vacanţă?

. . . .

Vor să plece devreme?

. . . .

Ü12: Schreiben Sie folgende Sätze im informellen Futur (o + Konjunktiv).

Ei <u>caută</u> un magazin de suveniruri.

Ei <u>o să caute</u> un magazin de suveniruri.

Ea are mult timp la dispoziţie.

. . . .

Eu sunt mulţumit de mâncarea livrată de curier.

. . . .

Voi mergeţi des la cumpărături.

. . . .

Tu nu vinzi maşina foarte ieftin.

. . . .

Cumperi rochia aceea de vară?

. . . .

Noi mergem la cinematograf diseară.

. . . .

Ele văd la televizor o emisiune de divertisment.

. . . .

Ieşiţi astăzi în oraş?

. . . .

Noi facem la vară o călătorie interesantă.

. . . .

El cinează astă seară acasă cu familia.

. . . .

La masa de seară tu bei un pahar de vin alb.

. . . .

Maria comandă o pereche de pantaloni înfloraţi.

. . . .

Zburați mâine la Londra?

. . . .

Studenții au cursuri de limba română zilnic.

. . . .

Copilul traversează atent strada.

. . . .

Colegele aleg această parfumerie.

. . . .

Ü13: Ergänzen Sie folgende Sätze mit einem Verb im Futur.

Eu cumpăr ziare azi, <u>tu o să cumperi / vei cumpăra ziare *mâine*</u>.

Maria merge la bibliotecă săptămâna aceasta, Ana . . . . *săptămâna*

viitoare.

Noi vedem filmul acum, Ionel . . . . *peste trei zile.*

Ei fac chef astă-seară, noi . . . . *mâine seară.*

Gabriel și Valentina pleacă azi la schi, Vasile . . . . *poimâine.*

Eu găsesc soluția la probleme repede, el . . . . mai încet.

Prietena înoată lunea, eu . . . . marțea.

Femeia iese la pensie anul acesta, bărbatul . . . . *peste trei ani.*

Noi înapoiem cartea la bibliotecă mâine, voi . . . . *răspoimâine.*

Băiatul termină universitatea anul acesta, fata . . . . *la anul viitor.*

Themenverwandte Empfehlungen

Spanisch

Peter Wierichs
Spanisch für Selbstlerner (Niveau A1 bis B1)
Textbuch mit Übungen + CD
312 Seiten, ISBN 3-89657-757-3, 29,80 EUR

Spanische Grammatik für Selbstlerner (mit Übungen), Bd. 1
177 Seiten, ISBN 3-89657-709-3, 14,80 EUR

Spanische Grammatik für Selbstlerner (mit Übungen), Bd. 2
144 Seiten, ISBN 3-89657-704-2, 12,80 EUR

Das Lehrwerk ist sowohl im Kurs als auch im Selbststudium verwendbar und richtet sich an alle, die in relativ kurzer Zeit brauchbare Fertigkeiten der spanischen Sprache erwerben wollen. Einsatzgebiete: Berufliche Bildung, gymnasiale Oberstufe, Auffrischungs- und Kompaktkurse an der VHS, Hochschule.

Portugiesisch

Joaquim Peito
Está bem! (Niveau B2)
Lehrbuch: 408 Seiten, ISBN 3-89657-872-3, 24,80 EUR
Übungsbuch: 168 Seiten, ISBN 3-89657-870-7, 19,80 EUR
Lösungsheft: 60 Seiten, ISBN 3-89657-756-5, 7,80 EUR
Audio-CDs: ISBN 3-89657-751-4, 24,80 EUR

In 25 Lektionen wird neues Vokabular anhand von Dialogen und authentischen Texten vorgestellt, grammatische Phänomene werden systematisiert dargestellt und durch ein breitgefächertes, abwechslungsreiches Übungsangebot aufbereitet (dabei werden Besonderheiten des brasilianischen Portugiesisch berücksichtigt und es wird gezielt auf klassische Fehlerquellen für deutschsprachige LernerInnen hingewiesen).
Teilweise authentische Sachtexte beleuchten gesellschaftliche und historische Aspekte und vermitteln ein differenziertes landeskundliches Wissen.
Mit integriertem Vokabelregister und einem umfangreichen Verzeichnis von Verbformen.
Einsatzgebiete: VHS, Hochschule, Selbststudium.

www.schmetterling-verlag.de